Linguagem Sânscrita

Introdução

Annabella Magalhães

Sumário

ॐ श्री गं गणपतये नमः ॥

Om Śrī Gam Gaṇapataye namaḥ

Om Saudações ao Glorioso Senhor Gaṇpati (Gaṇeśa)!

Senhor de todos os seres, Removedor dos obstáculos, Senhor da Prosperidade e do Conhecimento! Guardião de todas as portas!

ॐ श्री गुरुभ्यो नमः ॥

OM Śrī Gurubhyo Namaḥ

OM Saudações a todos os Mestres!

Eu saúdo meus mestres aqui e agora:

Roberto Menkes que me apresentou o Sânscrito e estimulou a estudá-lo, Gloria Arieira, com quem aprendi e me desenvolvi significativamente no estudo do Sânscrito e Arthur Peres, que complementou os meus estudos.

Apresentação

Tenho o prazer de apresentar ao público que aprecia a língua sânscrita esta gramática de introdução ao sânscrito.

Há muito tempo, estudiosos, professores e alunos desta língua sentem a necessidade urgente de um texto básico para o estudo da língua em português. Annabella estudou Vedanta comigo durante muitos anos e dedicou-se também ao estudo de sânscrito comigo e com o professor Arthur Perez. O Centro de Estudos Vidya Mandir teve a oportunidade de ter Annabella como professora de sânscrito durante muitos anos. Desde essa época, quando começou a lecionar, ela reconheceu a necessidade de um livro texto de sânscrito. Este livro vem facilitar o trabalho de ensino desta língua em português e é fruto de sua dedicação capacidade e empenho ao longo de muitos anos.

Parabenizo Annabella por seu trabalho dedicado. Que este livro seja de grande proveito aos amantes da língua sânscrita.

Harih Om,
Gloria Arieira
Dia de Hanuman
Abril 2009

Agradecimentos

Este trabalho é resultado de minha experiência de vários anos ministrando aulas de Sânscrito a profissionais de Yoga, estudantes de Vedānta, Āyurveda e também alunos interessados na área da linguística.

Incentivada por alunos e colegas, resolvi condensar esse trabalho num só livro. Espero que este livro seja útil a todos aqueles que desejam ter acesso aos textos básicos de suas respectivas áreas de estudos e atuação, ajudando-os a aprofundar seus conhecimentos, auxiliando-os na busca do mais alto objetivo do ser humano - o Autoconhecimento.

Agradeço o estímulo dos colegas e dos alunos, ao Centro de Estudos Vidyā Mandir, à ABPY (Associação Brasileira de Profissionais deYoga), à ABDTY (Associação Brasileira de Dakṣiṇa Tantra Yoga), ao Espaço Cultural Śakti, ao Espaço Yogananda,ao prezado Prof Rodrigo Ferreira e atualmente ao Prof Tales Nunes (Cadernos de Yoga), ao escritor Prof

Carlos Augusto Correia pela revisão e a todos que me proporcionaram oportunidades de divulgação e transmissão do sânscrito, no Rio de Janeiro e em outros estados, possibilitando-me, com isso, aprofundar meus próprios conhecimentos.

Minha homenagem póstuma ao querido colega de estudos de Sânscrito João Carlos Morgado, pelo seu incentivo a apoio.

Acima de tudo, meu agradecimento e homenagem a todos os meus professores. A Roberto Menkes, meu primeiro professor de sânscrito, que em 1983, na ABPY, me ensinou o alfabeto sânscrito e me estimulou a estudá-lo. A professora Gloria Arieira, com quem aprofundei meus estudos, no Centro de Estudos Vidyā Mandir, e que me mostrou o valor do estudo do sânscrito como precioso auxiliar de todo aquele que deseja compreender-se como um Ser Pleno e Eterno. E finalmente a Arthur Peres, que complementou meus estudos até os primeiros capítulos do Aṣṭādhyāyī, do gramático Pāṇini.

Sobretudo minha saudação e agradecimento ao Criador pela benção de me direcionar para este caminho na minha vida!

Nesta edição revista e ampliada acrescento meus agradecimentos aos amigos professores do Espaço Vatayana, em Niterói, que me estimularam a concretizar esta publicação: Prof Ricardo Coelho, Prof. Marcia Portela, Prof Goretti Coelho, Prof André Latham e Prof Karla Lemos. Agradeço também a revisão feita pelos Prof Ricardo Coelho e Leonardo Duque e a Alessandra Gerin pelo apoio da edição e publicação deste livro. Minhas saudações a todos.

OM Īśvarāya Namaḥ

OM Saudações ao Criador, Īśvara !

Annabella Magalhães

Annabella Magalhães

Uma trajetória de estudo e devoção

Algumas pessoas têm em si a vocação para o estudo e encontram na espiritualidade seu caminho. Pelas conexões e ramificações da vida, esse caminho pode tornar-se o de ensinar o caminho já trilhado a outros que buscam o aprendizado. Annabella é uma dessas pessoas, professora por definição. Mas ela não é uma mestra convencional, que agrega seguidores e trabalha com grande número de pessoas ao mesmo tempo. Ela prefere o caminho mais sutil, trabalha com as individualidades e para ela cada aluno é um amigo abençoado. E assim ela foi construindo ao longo dos anos um considerável séquito de alunos, admiradores e acima de tudo, grandes amigos.

À primeira vista, na nossa insegurança e quando ainda não entendemos de verdade o que é o *sadhana* (caminho espiritual), tendemos a procurar por um estereótipo de mestre que nos transmita uma segurança que ainda não temos, que fale com grandes certezas sobre o que é a "verdade", que se apresente com atitudes assertivas, mesmo que apenas aparentes. Isso você não vai encontrar na professora Annabella, pois ela, apesar de possuir um continente de conhecimento e sabedoria, não vende imagem, não faz cenas e não busca adeptos, apenas ensina o que sabe, sem reservas ou omissões. Com ela o jogo é aberto e claro. Quando não sabe a resposta de alguma pergunta, não tergiversa, diz com tranquilidade, "isso eu não sei, mas vou procurar". E quando no próximo encontro você até já esqueceu da pergunta caprichosa que fez, ela vem com a resposta na mão. É professora em tempo integral.

Talvez essa personalidade especial tenha se moldado por ser uma das poucas pessoas que conheço que discorre com desenvoltura e sem preconceitos mútuos, sobre dois grandes campos do conhecimento indiano, o *Vedanta* e o *Tantra*. Com ela aprendi a respeitar ambos os conhecimentos milenares sem achar que há alguma hierarquia entre eles, mas sim grandes pontos de convergência.

Annabella iniciou sua trajetória de conhecimento através da prática do *Hatha Yoga*. Após cerca de dez anos, teve o encontro cármico e definitivo para sua vida com os professores Gloria Arieira, de *Vedanta* e Paulo Murilo Rosas, de *Tantra*. Foi o grande momento de transformação de sua vida. Imediatamente tornou-se discípula de ambos e com eles aprendeu a importância do estudo do sânscrito como grande auxiliar na compreensão da sabedoria indiana.

A princípio, embora ainda sem consciência plena do que buscava, sabia que havia um prazer inigualável no aprendizado e, mais do que isso, esse processo a estava transformando internamente. Foi mergulhando cada vez mais nesses conhecimentos e integrando-os com sua formação acadêmica na área de arte-educação. O desdobramento inevitável desse processo seria o de tornar-se também professora.

Com o passar do tempo passou a coordenar cursos de formação de profissionais de yoga e a ministrar aulas de sânscrito e mitologia. Atua até hoje como professora de sânscrito e mitologia no curso de formação da Associação Brasileira de Profissionais de Yoga, ABPY, uma das instituições pioneiras na divulgação do yoga no Brasil e também na Associação Brasileira de Dakshina Tantra Yoga, da qual foi co-fundadora, além de vários outros cursos de formação, cursos livres e palestras.

O ofício de ensinar fez com que fosse aprofundando-se cada vez mais nesse conhecimento, culminando com este livro, que é uma edição revista e ampliada do original "Linguagem Sânscrita", o qual já é referência entre os estudantes dessa língua sagrada no Brasil.

Natural de Cantagalo, RJ, passou boa parte de sua vida morando na cidade do Rio de Janeiro e embora continue dando aulas e palestras na cidade maravilhosa, mora atualmente na cidade de Niterói, onde é referência para o grupo de professores do Vatayana Espaço de Yoga, que funciona como um centro de divulgação e preservação do *Tantra* nesta cidade.

Niterói, novembro de 2016.
Ricardo Coelho
(Ricardo é profissional de *Dakshina Tantra Yoga* e estudante de *Vedanta*)

1 - Introdução

संस्कृतम्
Samskṛtam
Sânscrito

O Sânscrito é a língua erudita da Índia, a língua de sua Religião, Literatura, Ciência ou qualquer outro ramo tradicional do conhecimento indiano.

A palavra Samskṛtam, é composta do prefixo sam (adequado, perfeito) e Kṛtam (particípio passado do verbo kṛ-fazer), e significa "aquilo que é bem feito", Samskṛtam Bhāṣā é a linguagem muito bem feita. É também chamado Deva Bhāṣā – "a linguagem resplandecente", ou também "a linguagem dos deuses". A palavra deva vem da raiz div - resplandecer, brilhar.

A mais antiga evidência do Sânscrito é o Ṛg Veda, que estendendo-se a todo o corpo do Veda (Yajur, Sāma, Atharva), constituiu o Sânscrito Védico. Mais tarde, com o gramático Pāṇini, o Sânscrito passou a ser chamado Sânscrito Clássico. Pāṇini foi um grande gramático indiano. Através de sua obra, chamada Aṣṭādhyāyī, composta de 4000 sūtras dispostos em oito capítulos, ele construiu a estrutura completa da linguagem sânscrita, possibilitando o uso do Sânscrito, sem torná-lo uma língua falada e nem sujeita a modificações. Assim, não somente foi guardada e protegida a pureza da linguagem sânscrita como principalmente foi protegido e preservado o Conhecimento cognizado na linguagem sânscrita - o Veda. A obra de Pāṇini é considerada um dos mais importantes monumentos da inteligência humana.

Vários Comentários (Bhāṣyas) foram compostos sobre a obra de Pāṇini. Entre eles, o mais importante é o do mestre Patañjali, que em seu trabalho (Pātañjala Mahābhāṣyam), referindo-se ao processo de organização mental que o estudo sistemático do Sânscrito proporciona, fala:

एकः शब्दः सुज्ञातः सुप्रयुक्तः स्वर्गे लोके कामधुक
भवति॥

"Ekaḥ śabdaḥ sujñātaḥ suprayuktaḥ svarge loke kāmadhuk bhavati "

"É uma linguagem muito bem conhecida,bem utilizada no espaço celestial e que acalma os desejos (mente)"

Essencialmente fonético, o Sânscrito possui uma grande riqueza de sons e símbolos gráficos. Sua escrita é chamada Devanāgarī – "a escrita cidade dos deuses" ou "a escrita da cidade resplandecente".

Sua característica marcante é a sonoridade. A pronúncia correta do Sânscrito é fundamental para vivenciar não só seu exato sentido como também toda a energia contida em seus sons sagrados e milenares

O aprendizado do Sânscrito inicialmente, permite o acesso ao significado e pronúncia correta de palavras, mantras, pequenas frases, enriquecendo o vocabulário sobre o assunto estudado. O aprofundamento do estudo do Sânscrito permitirá o acesso a textos originais compostos ou comentados pela linhagem de mestres da cultura védica e tântrica, fontes da tradição do ensinamento que nos indica o caminho do Autoconhecimento.

Tudo que se possa conhecer sobre a Índia passa pelo Sânscrito. A Índia é o Sânscrito e o Sânscrito, a Índia. É a linguagem unificadora da Índia, trazendo-nos e levando-nos a tempos imemoriais, apresentando, hoje, os ideais firmados pelos veneráveis ṛṣis (sábios). O Sânscrito se acha nos rios, nas montanhas, nas florestas, nas cidades da Índia. Encontra-se nos deuses, nas orações, nos rituais, na música.

Embora não seja uma língua falada coloquaialmente, ela é viva porque se trata de uma língua de cultura. Ainda hoje é pesquisada, recitada, estudada, cantada, lembrada.

Segundo Patañjali, o sânscrito surgiu na região Aryavarta, entre os rios Sindhus e Ganges, limitada ao norte pelos Himālayas e ao sul, pela cadeia de montanhas Vindhya (centro da Índia). Pesquisas científicas recentes estão demonstrando que exatamente nesta área, região noroeste da India, existiu o rio Sarasvatī, o berço dos Vedas e do Sânscrito. Este, que foi o maior rio sagrado da Índia, secou em 3000 a.C. em virtude de acomodações do solo do subcontinente indiano e do desvio da rota e de rios que o alimentavam. O rio Sarasvatī deu origem ao culto à deusa Sarasvatī pelo povo que vivia as suas margens. Sarasvatī - Deusa do Conhecimento é identificada com o som, a palavra.

A moderna tecnologia, baseada em fotos de satélite, está levando milhares de cientistas a comprovar cientificamente a verdade sobre o que eles denominaram a civilização Sindhus - Sarasvatī, vendo como uma só civilização o conhecimento Védico e o Tântrico. As inscrições dos selos (mudrā) encontrados nesta região, provavelmente, demonstram a origem da escrita devanāgarī (escrita sânscrita).

O norte foi o lar do Sânscrito, mas ele dominou todo o território indiano por sua grandeza, pureza e força vencendo todas as influências com que se deparou. No sul da Índia, a região Tamil Nadu teve um importante papel na valorização do Sânscrito por meio de seus reis que começaram a patrocinar o estudo do Sânscrito, visando a aquisição do conhecimento. Até hoje grandes centros de estudo de Sânscrito se localizam no sul da Índia. Śrī Śaṅkara, o grande mestre de Vedānta Advaita, nasceu no sul da Índia, em Kerala, e seus trabalhos em linguagem sânscrita contribuíram para o renascimento de toda a tradição de ensinamento védico.

São citadas, pela tradição védica, as seguintes gramáticas até Pāṇini: Aindram, Cāndram, Kāśakṣtsnam, Kaumaram, Śakaṭāyanam, Sārasvatam,

Āpśalam e Śākalam, o que se comprova através das citações em diversos textos da tradição védica e do próprio Aṣṭādhyāyī. Somente essas gramáticas, incluindo a de Pāṇini, possuem o status de Vyakaraṇam (Gramática – um dos Vedānga ou seja membro do Veda), pois foram concebidas diretamente do texto védico.

Vários gramáticos que vieram após Pāṇini também escreveram Comentários para a obra Aṣṭādhyāyī. Facilitando a sua compreensão, já que está escrita em forma de sūtras, o que a torna ininteligível sem tal ajuda. No séc II a.C., Patañjali escreveu o Mahābhāṣya. No sécVII d.C., Vāmana e Jayaditya escreveram o Kārikavṛtti, Baṭṭoji Dīkṣita compôs a grande obra Siddhāntakaumudī. Varadarāja, discípulo de Baṭṭoji Dīkṣita, elaborou a obra chamada Laghusiddhāntakaumudī.

Foi somente com a descoberta do Sânscrito e da obra de Pāṇini que o Ocidente desenvolveu a linguistica, no século XIX.

O Sânscrito possui cerca de 2 200 raízes verbais (dhātu) para gerar um completo vocabulário de milhares de palavras. Esses dhātu, são o ponto inicial do que será considerada uma palavra (padam) e revelam a natureza do objeto que a palavra significa. Pela adição de afixos (intermediários, prefixo e sufixos) o dhātu, passa a ser considerado aṅga (parte) que será uma base nominal ou base verbal. Esse aṅga está pronto para receber as terminações de declinações ou terminações verbais e só então, o resultado final será considerado padam (palavra) pronta para ser usada numa frase.

O conhecimento do Sânscrito é a chave para a antiga literatura religiosa e secular da Índia, e para tudo que está relacionado com os tradicionais ramos do conhecimento indiano.

ॐ नमः श्रीशब्दविद्या सम्प्रदाय कर्तृभ्यो नमो महद्भ्यो नमोगुरुभ्यः ॥

Om Namaḥ Śrīśabdvidyā sampradāya kartṛbhyo namo mahadbhyo namogurubhyaḥ.

"OM Saudações para aqueles que constituem a Linhagem do Conhecimento do Som! Saudações para aqueles grandiosos (mestres) ! Saudações para os Mestres!"

Śiva (Maheśvara)

नृत्तावसाने नटराजराजो ननाद ढक्काम् नवपञ्चवारम्॥

Nṛttāvasāne Naṭarājarājo nanāda ḍhakkām navapañcavāram

"No final da Dança o Rei Naṭarāja soa o tambor 59 vezes!"

चतुर्दश सूत्राणि महेश्वराणि महेश्वरादागतानि
महेश्वरप्रसादात् पणिनिना लब्धान्ति फलितोऽर्थः ॥

Caturdaśa sūtrāṇi Māheśvarāṇi Maheśvarādāgatāni Maheśvaraprasādāt Pāṇininā labdhānti phalito'rthaḥ

"Quantorze sūtras, foram recebidos de Maheśvara, da benção de Maheśvara, obtidos por Pāṇni. Que haja frutos (que seja desenvolvido) é o objetivo."
(Laghusiddhāntakaumudi)

Quatorze sūtras foram revelados a Pāṇini, pela benção de Maheśvara (Śiva). Pāṇin chamou-os Maheśvarsūtrāṇi (Os Sūtras de Maheśvara) ou Śivasūtrāṇi (Os sūtras de Śiva). Essas quatorze seqüências de sons denominados gramaticalmente **pratyāhāra** foram o ponto de partida para a organização fonológica da língua sânscritia, apresentada em sua obra Aṣṭādhyāyī. São eles:

Devanāgarī	Transliterado
अ इ उ ण् ।	A I U Ṇ
ऋ ऌ क् ।	Ṛ L K
ए ओ ङ् ।	E O Ṅ
ऐ औ च् ।	Ai Au C
ह य व र ट् ।	Ha Ya Va Ra Ṭ
ल ण् ।	La Ṇ
ञ म ङ ण न म् ।	Ña Ma Ṅa Ṇa Na M
झ भ ञ् ।	Jha Bha Ñ
घ ढ ध ष् ।	Gha Ḍha Dha Ṣ
ज ब ग ड द श् ।	Já Ba Ga Ḍa Da Ś
ख फ छ ठ थ च ट त व् ।	Kha Pha Cha Ṭha Tha Ca Ṭa Ta V

कपय्।	Ka Pa Y
शषसर्।	Śa Ṣa Sa R
हल्।	Ha L

Obs.: Cada pratyāhāra termina sempre com uma letra indicatória chamada "**it**", que não deve ser incluída entre as letras do alfabeto.

Por exemplo:

- o primeiro pratyāhāra **A I U Ṇ**, a letra Ṇ é a letra "**it**" de **A U I**

A letra "**it**" tem o objetivo de indicar uma só letra ou determinado grupo de letras numa forma condensada. Então se eu quiser me referir a **A I U** posso expressá-las como **AṆ**.

Sarasvatī

सरस्वति नमस्तुभ्यं वरदे कामरूपिणि।
विद्यारम्भं करिष्यामि सिद्धिर्भवतु मे सदा॥

Sarasvati namastubhyam varade kāmarūpiṇi
Vidyārambham kariṣyāmi siddhirbhavatu me sadā

Saudações a você, Ó Sarasvati! Você que preenche todos os desejos.
Que exista sempre sucesso para mim que estou iniciando este estudo!

Na Tradição védica, o conhecimento, considerado um dos aspectos ou poderes do Criador, é representado por uma forma feminina chamada Sarasvatī. Ela simboliza não somente o Conhecimento mas também o próprio Som, a Palavra para transmiti-lo, a comunicação. Ela é a śakti (poder) de Brahmā, Criador. Sarasvati é a protetora dos estudantes, professores, cientistas, artistas em todas as áreas de expressão:atores, pintiores, escritores, músicos etc

Parte I

1. Alfabeto devanāgarī
2. Pronúncia do alfabeto.
3. Combinação de consoantes e vogais.
4. Encontros consonantais
5. Numerais

1- Varṇamālā

Varṇamālā
(Guirlanda de letras)
Alfabeto

A palavra Varṇamālā é composta de Varṇa (letra) e mālā (guirlanda). Varṇamālā refere-se ao alfabeto sânscrito.

Cada som, em sânscrito, é representado por um símbolo único. Isto se dá devido à característica fonética da língua e, por isso, também, seu alfabeto é constituído por um grande número de letras: são 13 vogais e 33 consoante.s Até mesmo a junção de vogais e consoantes entre si mesmas ou vogais com consoantes, resulta num novo símbolo.

A seguir o quadro de vogais e consoantes.

स्वराः **Svarāḥ** (vogais)

Tipo de articulação: oral

Modo de articulação: não aspirada

Ação das cordas vocais: sonora

Zona de articulação:

	Breves	Longas
Gutural	अ a	आ ā
Palatal	इ i	ई ī
Bilabial	उ u	ऊ ū
Cerebral	ऋ ṛ	ॠ ṝ
Dental	ऌ lṛ	
Gutural palatal		ए e
Gutural palatal		ऐ ai
Gutural labial		ओ o
Gutural labial		औ au

Obs.: As vogais breves são pronunciadas em 1 tempo (1 mātrā) e as vogais longas em 2 tempos (2 mātrā).

व्यञ्जनानि **Vyañjanāni** (Consoantes)

Tipo de articulação	oral	✓	✓	✓	✓		✓		✓
	nasal					✓			
	sibilante							✓	
Modo de articulação	não aspirada	✓		✓		✓	✓		
	aspirada		✓		✓			✓	✓
Ação das cordas vocais	surda	✓	✓					✓	
	sonora			✓	✓	✓	✓		✓
Zona de articulação	guturais	क् **k**	ख् **kh**	ग् **g**	घ् **gh**	ङ् **ṅ**			ह **h**
	palatais	च् **c**	छ् **ch**	ज् **j**	झ् **jh**	ञ् **ñ**	य् **y**	श् **ś**	
	cerebrais	ट् **ṭ**	ठ् **ṭh**	ड् **ḍ**	ढ् **ḍh**	ण् **ṇ**	र् **r**	ष् **ṣ**	
	dentais	त् **t**	थ् **th**	द् **d**	ध् **dh**	न् **n**	ल् **l**	स् **s**	
	bilabiais	प् **p**	फ् **ph**	ब् **b**	भ् **bh**	म् **m**	व् **v**		

Existem também alguns símbolos que diferenciam a pronúncia do fonema:

- Virama - traço oblíquo logo abaixo das consoantes indicando apenas o som da consoante.

Por exemplo:

क् (som k), प् (som p), etc

- **Anusvāra -** ponto acima da letra, indicando o som **m** (nasalização).

Por exemplo **:**

वं Vam (bīja mantra do Svādhiṣṭhāna Cakra

सिंह simha (leão)

- Visarga - também chamado Visarjaniyam, é representado por **:** (dois pontos).

Quando transliterado é representado por **ḥ**.

Pronuncia-se repetindo a vogal final com uma aspiração.

Por exemplo**:** नमः namaḥ (pronuncia-se namahá)

2 - Pronúncia do alfabeto sânscrito

No quadro abaixo, os fonemas sânscritos são apresentados com exemplos de sons correspondentes em português e de palavras sânscritas.

Fonema	Português	Sânscrito
a	Ana	kavi (poeta)
ā	água	māyā (ilusão)
i	vila	viveka (discernimento)
ī	ímã	Īśvara (Senhor, Deus)
u	uva	guru (mestre)
ū	último	mūla (raiz)
ṛ	Maria	pitṝ (pai)
e *sempre fechado*	medo	Deva (deidade)
ai	caixa	daiva (divino)

o *sempre fechado*	novo	go (vaca)
au	mau	mauna (silêncio)
k	casa	karma (ação)
g	galo	Gaṇeśa (nome de uma Deidade)
ṅ	manga	aṅga (parte, membro)
c	tchau	cakra (roda)
j	Djavan, John	jaya (vitória)
ñ	anjo	Sañjaya (nome próprio)
ṭ *ponta da língua no palato*	-	ghaṭa (pote)
ḍ *ponta da língua no palato*	-	guḍā (bola)
ṇ *ponta da língua no palato*	-	guṇa (qualidade)
t	tempo	tamas (inércia)

d	dado	dīpa (luz)
n	canto	mantra (verso védico)
p	pato	pavana (ar)
b	bola	bala (força)
m	mês	mālā (guirlanda)
y	Iara	Yama (deus da morte)
r	caro	Rāma (nome próprio)
l	luva	loka (mundo)
v *inicial = som normal precedido de cons = som"u"*	vida	Veda (escritura sagrada) tvam (tu, você) *pronuncia-se tuam*
ś	chuva	Śiva (deus da transformação)
ṣ	*= ch, com aponta da língua no palato*	doṣa (erro)
s	sapo	seva (serviço)
h	*como em inglês: home, house*	mahā (grande)

Obs.: As consoantes aspiradas **kh**, **gh**, **ch**, **jh**, **th**, **dh**, **ph**, **bh**, não possuem equivalentes em português. Elas são pronunciadas como as suas respectivas não aspiradas acrescidas de um ligeiro som explosivo.

As consoantes linguopalatais **ṭ**, **ṭh**, **ḍ**, **ḍh**, **ṇ**, não possuem equilvalentes em português. São pronunciadas de forma semelhante às consoantes linguodentais, porém com a ponta da língua no palato.

3 - Combinação de consoantes e vogais

As formas das vogais apresentadas no quadro de vogais no capítulo anterior são usadas somente no início de palavras, como por exemplo em:

आसन āsana   इन्द्र Indra   एक eka

Quando, porém, as vogais se juntam a consoantes, para a formação de sílabas ou palavras, elas mudam de forma. Vejam a explicação no quadro abaixo, tendo como exemplo a junção de vogais à consoante म (m):

म् (m) + अ (a)	म ma *basta tirar o virama da consoante*
म् (m) + आ (ā)	मा mā *acrescenta-se a um traço vertical* ा

म् (m) + इ (i)	मि mi *acrescenta-se* ि
म् (m) + ई (ī)	मी mī *acrescenta-se* ी
म् (m) + उ (u)	मु mu *acrescenta-se* ु
म् (m) + ऊ (ū)	मू mū *acrescenta-se* ू
म् (m) + ऋ (ṛ)	मृ mṛ *acrescenta-se* ृ
म् (m) + ॠ (ṝ)	मॄ mṝ *acrescenta-se* ॄ
म् (m) + ए (e)	मे me *acrescenta-se* े
म् (m) + ऐ (ai)	मै mai *acrescenta-se* ै

म् (m) + ओ (o)	मो mo *acrescenta-se* ो
म् (m) + औ (au)	मौ mau acrescenta-se ौ

Esta combinação de formas acontece igualmente com todas as consoantes.

Exemplo de escrita de palavras:

Obs.: (m) masculino; (f) feminino; (n) neutro; (adv) advérbio; (v) raiz verbal; (adj) adjetivo; (pron) pronome

Sânscrito	Devanāgarī	Tradução
ari (m)	अरि	inimigo
āsana (n)	आसन	assento, postura
iṣu (f)	इषु	flecha
udadhi (m)	उदधि	oceano
ekadā (adv)	एकदा	uma vez...
ojas (n)	ओजस्	energia
Kim (pron)	किम्	o que?
kṛ (r.v)	कृ	fazer
guru (m)	गुरु	mestre
jīvana (n)	जीवन	vida
deva (m)	देव	deus, ser de luz
pūjā (f)	पूजा	adoração

yoga (m)	योग	união
sainika (m)	सैनिक	soldado
hṛdaya (n)	हृदय	coração
mauna (n)	मौन	silêncio
koṇa (m)	कोण	ângulo
aika (adj)	ऐक	unitário
dhenu (f)	धेनु	vaca
gaura (adj)	गौर	pálido, branco
ṛṣi (m)	ऋषि	sábio

4 - Encontros consonantais

Quando consoantes se juntam com outras consoantes também tomam outra forma. Existem várias maneiras de combinar consoantes.

A seguir são apresentados alguns exemplos.

क् k	क्क Kka क्थ ktha क्य kya क्ष kṣa क्र kra
ख kh	ख्य khya
ग् g	ग्द gda ग्दा gdā ग्ध gdha ग्म gma ग्र gra
ङ ṅ	ङ्क ṅka ङ्ख ṅkha ङ्ग ṅga ङ्घ ṅgha
च् c	च्छ ccha च्य cya च्र cra
छ् ch	छ्र chra
ज् j	ज्य jya ज्व jva ज्ज jja ज्र jra

ञ् ñ	ञ्च ñca ञ्छ ñcha ञ्ज ñja
श् ś	श्य śya श्ल śla श्च śca श्व śva श्न śna श्र śra
य् y	य्य yya
ट् ṭ	ट्य ṭya ट्ट ṭṭa ट्र ṭra
ठ् ṭh	ठ्य ṭhya ठ्र ṭhra
ड् ḍ	ड्य ḍya ड्ड ḍḍa ड्र ḍra
ढ् ḍh	ढ्र ḍhra
ण् ṇ	ण्ट ṇṭa ण्ठ ṇṭha ण्ड ṇḍa ण्ढ ṇḍha ण्य ṇya
ष् ṣ	ष्ट ṣṭa ष्ठ ṣṭha ष्ण ṣṇa ष्य ṣya ष्व ṣva ष्र ṣra
र् r	र्म rma र्त rta र्थ rtha
त् t	त्क tka त्ख tkha त्य tya त्व tva त्त tta त्थ ttha त्त्व ttva त्र tra

द् d	द्ग dga द्द dda द्ध ddha द्ब dba द्भ dbha द्म dma द्व dva द्य dya द्र dra
ध् dh	ध्व dhva ध्य dhya ध्म dhma ध्र dhra
न् n	न्त nta न्थ ntha न्त्र ntra न्द nda न्ध ndha न्व nva न्य nya न्न nna
स् s	स्न sna स्त sta स्थ stha स्त्र stra स्म sva स्र sra
प् p	प्त pta प्न pna प्य pya प्र pra
ब् b	ब्य bya ब्न bna ब्व bva ब्द bda ब्ध bdha ब्र bra
भ् bh	भ्य bhya भ्व bhva
म् m	म्य mya म्न mna म्प mpa म्ब mba म्भ mbha म्र mra
व् v	व्न vna व्र vra
ह् h	ह्न hna ह्म hma ह्य hya ह्व hva ह्र hra

Existem também outras combinações

ज्ञ jñ	ज्ञ् jñ
क्ष kṣ	क्ष्य kṣya क्ष्व kṣva क्ष्म kṣma
क्त kta	क्त्व ktva

5 - Listagem de numerais

		Cardinais Masculino	Feminino	Neutro
1	१ eka	eka (um)	ekā (uma)	ekam
2	२ dvi	dvi	dve	dve
3	३ tri	trayaḥ	tisraḥ	trīṇi
4	४ catur	catvāraḥ	Catasraḥ	Catvāri
5	५ pañcam	pañca		
6	६ ṣaṭ	ṣaṣ		
7	७ saptan	sapta		
8	८ aṣṭa	aṣṭa, aṣṭau		

9	९ navan	nava		
10	१० daśa	daśa		
11	११ ekādaśan	ekādaśa		
12	१२ dvadaśan	dvadaśa		
13	१३ trayodaśan	trayodaśa		
14	१४ caturdaśan	caturdaśa		
15	१५ pañcadaśan	pañcadaśa		
16	१६ ṣoḍaśan	ṣoḍaśa		
17	१७ saptadaśan	saptadaśa		
18	१८ aṣṭadaśan	aṣṭadaśa		
19	१९ navadaśan	navadaśa		

20	२० viṁśati			
30	३० triṁśat			
40	४० catvāriṁśat			
50	५० pañcāśat			
60	६० ṣaṣṭiḥ			
70	७० saptatiḥ			
80	८० aśītih			
90	९० navatih			
100	१०० śatam			
1000	१००० sahasram			

Ordinais			
	Masculino	Feminino	Neutro
1º	prathamaḥ	prathamā	prathamam
2º	dvitīyaḥ	dvitīyā	dvitīyam
3º	tṛtīyah	tṛtīyā	tṛtīyam
4º	caturthaḥ turīyaḥ	caturthā turīyā	caturtham turīyam
5º	pañcamah	pañcamī	pañcamam
6º	ṣaṣṭaḥ	ṣaṣṭī	ṣaṣṭam
7º	saptamaḥ	saptamī	saptamam
8º	aṣṭamah	aṣṭam	aṣṭamam
9º	navamaḥ	Nava	navamam
10º	daśamaḥ	daśamī	daśamam

Hanuman

व्याकरणं च मुख्यते नवधातुश्रूयते
ऐन्द्रं चान्द्रं काशकृत्स्नं कौमारं शाकटायनम्।
सारस्वतं चापिशलं शाकलं पाणिनीयकं इति
तत्त्वंनिधावंनिधात्तुक्तेः।
हनुमन्तमुद्दिश्य सोऽयं नववयाकरणार्थवेत्ता इति
वाल्मीकीयवचनञ्च।

Vyākaraṇam ca mukhyate navadhātuśruyate

"Aindram, Cāndram, Kāśakṛtsnam, Kaumāram, Śākaṭāyanam; Sārasvatam, cāpiśalam Śākalam, Pāṇinīyakam" iti tattvamnidhāvamnidhāttukteḥ. Hanumantam uddiśya so' yam navavyākaraṇārthavettā iti Vālmīkīyavacyavacanañca.!

As gramáticas consideradas mais importantes são: "Aindram, Cāndram, Kāśakṛtsnam, Kaumaram, Śakaṭyanam, Sārasvatam, Āpiśalam, Śakalam e Pānini. Istso é considerado verdade. De acordo com as palavras de Vālmīki:"

"Hanuman é aquele que é conhecedor das nove gramáticas".

Hanuman é o ilustre e cativante personagem do grande épico Rāmāyaṇa, composto pelo poeta Vālmīki. Ele é uma mistura de homem e macaco. Filho de um dos elementos – o Vento (Vāyu) – com a macaca Añjanā, por isto ele também se chama Añjaneya.Como filho de Vento, tinha o poder de voar e simboliza o prāṇa (energia vital). Teve Sūrya (o Sol) como mestre e Śiva ensinou-lhe a arte de se transformar no que quisesse. No épico Rāmāyaṇa, destacou-se por sua devoção e bravura, ajudando Rāma a reencontrar sua esposa Sītā. Hanuman é o símbolo da devoção, coragem e sabedoria.

Parte II

1. Sandhi
2. Sandhi de vogais
3. Sandhi de visarga
4. Sandhi de consoantes

1 - सन्धिः Sandhi

A palavra sânscrita sandhi vem da raiz sandhā (sam = completamente, dhā (juntar), e significa "junção, conexão, combinação". Em gramática, sandhi é a combinação de letras para produzir um efeito sonoro harmonioso (eufonia).

Pāṇini, o gramático indiano que organizou a linguagem sânscrita, em seu trabalho, Aṣṭādhyāyī, cita dois elementos fundamentais na junção de letras: samhitā e savarṇa

तुल्यास्यप्रयत्नम् सवर्णम्॥१ १ १९ ॥

Tulyāsyaprayatnam savarṇam. 1.1.19

"Savarṇa é a necessidade dos sons apresentarem o mesmo ponto de articulação (Tulyāsyaprayatnam)"

परः सन्निकर्षः संहिता॥१ ४ १०९॥

Paraḥ sannikarṣaḥ Samhitā. 1.4.109

"Samhitā significa a máxima (paraḥ) aproximação (sannikarṣa) de sons."

O sandhi muitas vezes é necessário na formação de palavras, quando as raízes ou bases são acrescidas de terminações verbais ou de declinações. É também importante na formação de palavras compostas (samāsa). Ele pode acontecer também nas junções de palavras numa frase, quando a letra final se junta com a letra inicial da palavra seguinte. Quando ele afeta a estrutura interna de uma palavra, é chamado sandhi interno e acontece nas conjugações de verbos e nas declinações de palavras.

Por exemplo:

गज + इन = गजेन

गज (gaja, elefante) + इन (ina, terminação de declinação do 3º caso) = गजेन (gajena, com ou pelo elefante)

नरः चन्द्रम् पश्यति ॥ > नरश्चन्द्रम्पश्यति॥

Naraḥ candram paśyati. > Naraścandram paśyati.

(O homem vê a lua.)

नरः (narah, homem),

चन्द्रम् (candram, lua),

पश्यति (paśyati, vê)

Por ser de grande importância na linguagem sânscrita, a aplicação do sandhi obedece a regras precisas estabelecidas por Pāṇini. Existem vários tipos de sandhi : de vogais, de consoantes, de visarga. Neste Módulo II, serão apresentados os sandhi de vogais. Mais adiante, abordaremos os outros tipos de sandhi.

2 - Svara Sandhi

स्वरसन्धि
Svara Sandhi
Sandhi de Vogais

Svara sandhi ou sandhi de vogais, obedece às seguintes regras:

a) Dīrgha Sandhi

- É a união de vogais da mesma espécie resultando na vogal longa correspondente. *Dīrgha* significa longa.

a ou ā + a ou ā = ā

i ou ī + i ou ī = ī

u ou ū + u ou ū = ū

ṛ ou ṝ + ṛ ou ṝ = ṝ

Exemplos:

वेद अन्त > वेदान्त

Ved**a** + **a**nta > Ved**ā**nta

(final do Veda)

योगी इन्द्र > योगीन्द्र

Yog**i** **+** **i**ndra > Yog**ī**ndra
(o senhor dos yogis)

गुरु उत्तम > गुरूत्तम

Gur**u** **+** **u**ttama > gur**ū**ttama
(o melhor dos gurus)

b) Guṇa sandhi

- É a união do a ou ā com as outras vogais, resultando num guṇa ou seja, numa qualidade ou reforçamento da vogal diferente de **a**. Guṇa significa qualidade.

a ou ā + i ou ī = e (guṇa de i ou ī)
a ou ā + u ou ū = o (guṇa de u ou ū)
a ou ā + ṛ ou ṝ = ar (guṇa deṛ ou ṝ)
a ou ā + lṛ = al (guṇa de lṛ)

Exemplos :

बाह्य इन्द्रिय > बाह्येन्द्रिय

bāhy**a** **+** **i**ndriya > Bāhy**e**ndriya
(orgão externo)

केन उपनिषद् > केनोपनिषद्

Ken**a** **U**paniṣad > Ken**o**paniṣad
(nome de uma Upaniṣad)

महा ऋषि > महर्षि

Mah**ā** **ṛṣ**i > Mah**arṣ**i
(grande sábio)

c) Vṛddhi Sandhi

- É a união do **a** ou **ā** com os com os guṇas (e, o, ar, al) e com ai, au, ār, āl.

Vṛddhi significa uma expansão, um crescimento.

a ou ā + e ou ai = ai (vṛddhi de i)
a ou ā + o ou au = au (vṛddhi de u)
a ou ā + ar = ār (vṛddhi de)
a ou ā + al = āl (vṛddhi de l)

Exemplos:

चित्त एकाग्रता > चित्तैकग्रता

Citt**a + e**kāgratā > Citt**ai**kāgratā
(alerta da mente)

महा ओजस् > महौजस्

Mah**ā + o**jas > mah**au**jas
(grande energia)

तथा एव > तथैव

Tathā eva > tathaiva
(assim certamente....)

d) Antastha Sandhi

- É a união de i, u, ṛ, lṛ com vogais diferentes delas mesmas.

Antastha significa semivogal, aquilo que está entre vogal e consoante.

i ou **ī + vogal diferente de i** ou **ī** = o "**i** ou **ī** " é substituído por **y + vogal**

u ou **ū +vogal diferente de u** ou **ū=** o "**u** ou **ū**" é substituído por **v+ vogal**

ṛ ou **ṝ + vogal diferente de ṛ** ou **ṝ** = o"**ṛ** ou **ṝ** " é substituído por **r+ vogal**

lṛ + vogal diferente de lṛ= o "lṛ" é substituído por **l + vogal**

Exemplos:

सुषुप्ति अवस्था > सुषुप्त्यवस्था

suṣupti **+ a**vasthā > Suṣupt**y**avasthā

(estado de sono profundo)

देवी औदर्यम् > देव्यौदर्यम्

dev**ī au**daryam > dev**y**audaryam

(nobreza da deusa)

गुरु अर्चक > गुर्वर्चक

gur**u a**rcaka > gur**v**arcaka

(adorador do guru)

e) Ayavāyāv Sandhi

- É a união de e, ai, o, au com qualquer vogal.

Ayavāyāv significa ditongo

e + qualquer vogal = ay +vogal *
ai + qualquer vogal = āy +vogal *
o + qualquer vogal = av +vogal *
au + qualquer vogal = āv +vogal

Obs.: * Geralmente o **y** e o **v** caem e as palavras não se juntam

Exemplos:

जले अरविन्दम् Ja**le a**ravindam > (jalayaravindam) > जल अरविन्दम् jal**a a**ravindam (Lótus na água)

हे गुरो उदार He guro udāra ! > He (guravudāra) > हे गुर उदार gura udāra! (Ó majestoso guru!)

स ह नौ अवतु Sa ha n**au a**vatu > स ह नाववतु Sa ha n**āv**avatu (Que Ele verdadeiramente proteja nós dois)

3 - Visarga Sandhi

विसर्गसन्धि
Visarga Sandhi
Sandhi de Visarga

Visarga é um símbolo que indica um som aspirado. É representado em devanāgarī por **:** (visarga) e transliterado por **ḥ**.

Exemplo:

नमः > **namaḥ**

Muitas vezes é substituto do "**s**" e do "**r**" final, em palavras isoladas, terminações de caso ou terminações verbais

Exemplos:

पुनर् punar > पुनः punaḥ

Assim como existe o sandhi de vogais, quando palavras que terminam com visarga se unem a outras palavras, também sofrem substituições, seguindo regras específicas.

Visarga antes de consoantes sonora e vogais

a) Visarga precedido de "**a**" e seguido de consoante sonora, é substituído por "**u**" ("u" unido ao "a" > " **o**").

Exemplos:

नमः भगवते > नमो भगवते

Namaḥ Bhagavate > **nama** + **u** > **Namo Bhagavate**
(Saudações para o Senhor)

नमः नमः > नमो नमः

Namaḥ Namaḥ > **Namo namaḥ!**
(Saudações saudações!)

b) Visarga precedido de "a" e seguido de "**a**", segue a mesma orientação acima, só que o "**a**" da palavra seguinte cai e é substituído pelo símbolo **S** (avagraha) em devanāgarī, ou **'**, na transliteração.

Exemplo:

प्रणतः अस्मि > प्रणतोऽस्मि

Praṇataḥ asmi > **Praṇato'smi**
(Eu estou inclinado respeitosamente)

c) Visarga, precedido de "**a**" e seguido de qualquer vogal (curta ou longa), exceto "**a**", cai e as palavras não se juntam.

Exemplo:

नृपः इच्छति > नृप इच्छति

Nṛpaḥ icchati > **Nṛpa icchati**

(O rei deseja)

d) Visarga, precedido de " **ā** " e antes de todas as vogais e consoantes sonoras, cai e as palavras não se juntam.

Exemplo:

वीराः अनुक्रमन्ति > वीरा अनुक्रमन्ति

Vīrāḥ anukramanti > **Vīrā anukramanti.**

(Os heróis seguem)

e) Visarga precedido de qualquer vogal (exceto **a** e **ā**) e seguido de qualquer vogal ou consoante sonora (exceto "r") é substituído por "**r**" e as palavras se juntam.

Exemplo:

पदयोः विषयः > पदयोर्विषयः

Padayoḥ viṣayaḥ > **Padayorviṣayaḥ**

(a função dos pés)

Obs.: Se a palavra seguinte começar com "r, o visarga cai e a vogal que o antecede torna-se longa.

Exemplo:

अग्निः रोहति > अग्नीरोति

Agniḥ rohati > **Agnīrohati**

(O fogo cresce)

Visarga precedido de qualquer vogal e seguido de consoante surda

f) Visarga antes das surdas, guturais, bilabiais e sibilantes permanece o mesmo na escrita, somente o som muda.

- **antes das guturais k e kh** – som aspirado

अन्तःकरण **antaḥkaraṇa** (instrumento interno)

- **antes das bilabiais p e ph** - som "f"

पूर्णमदः पूरणमिदम् **Pūrṇamadaḥ Pūrṇamidam....**

(Aquilo é Pleno; Isto é Pleno)

*Pronuncia-se Purnamada**f**purnamidam*

- **antes das sibilantes ś, ṣ, s** - o som sibilante se duplica

शान्तिः शान्तिः शान्तिः

śāntiḥ śāntiḥ śāntiḥ

(Paz, Paz, Paz)

Pronuncia-se shántishshántishshàntirri

g) Visarga antes das surdas palatais, cerebrais e linguodentais torna-se a sibilante correspondente

- antes de **c** e **ch** - é substituído por **ś**

योगः चित्तवृत्तिनिरोधः > योगश्चित्तवृत्तिनिरोधः

Yogaḥ cittavṛttinirodhaḥ >
Yogaścittavṛttinirodhaḥ

(Yoga é o dissoluçaõ da agitação mental.)

- antes de **ṭ** e **ṭh** – é substituído por **ṣ**

नरः टिकते > नरष्टिकते

Narah ṭīkate > **Naraṣṭīkate**

(O homem move-se rapidamente)

- antes de **t** e **th** - é substituído por **s**

नमः ते > नमस्ते

namaḥ te > namaste

(Saudações para você)

4 - Hal Sandhi

हल्सन्धि
Hal Sandhi
Sandhi de Consoantes

Hal é um termo técnico empregado por Pāṇini para designar todas as consoantes. Há dois tipos de sandhi de consoantes:

- com relação à mudança de qualidade, ou seja, quanto ao modo de articulação (aspirada e não aspirada) e quanto à ação das cordas vocais (surdas e sonoras);
- com relação à mudança de classe, ou seja, quanto a zona de articulação (gutural, palatal, linguo-palatal, linguodental e bilabial)

Mudanças de Qualidade
(aspiradas, não aspiradas, surdas e sonoras)

a) Consoante sonora, seguida de consoante surda, é substituída pela surda de sua classe

एतत कोशपञ्चकम् > एतत्कोशपञ्चकम्

Etad kośapañcakam > **Etatkośapañcakam**
(Estas são as cinco bainhas)

("d" sonora, não aspirada seguida do "k", surda, não aspirada é substituída por "t", surda, não aspirada de sua classe)

b) Consoante surda, seguida de sonora, exceto nasais e semivogais (**y, r, l, v**) ou vogal, é substituída pelan sonora de sua classe.

Exemplos:

भगवत् गीता > भगद् गीता > भगवद्गीता

Bagavat gītā > **Bhagavad gītā > Bhagavadgītā**

("t" dental surda, não aspirada s eguida de "g ", gutural, sonora, não aspirada é substituída por "d", dental, sonora, não aspirada de sua classe)

ऋक् वेद > ऋग्वेद

Ṛk Veda > **Ṛg veda** > **Ṛgveda**

("k" surda, não aspirada seguida de "v" sonora, não aspirada, é substituída por "g" sonora não aspirada de sua classe)

Regra do "m" final

- O "**m**" final de palavras permanece o mesmo antes de vogais.

Exemplo:

किम् अत्र > किमत्र

Kim atra > **Kimatra**

(O que existe aqui?)

- O "**m**" final, antes de semivogal (**y**, **r**, **l**, **v**, **h**) e sibilantes (**ś**, **ṣ**, **s**) é substituído por anusvāra (em devanāgarī,um ponto acima do traço da letra substituindo o "m").

Exemplo:

अन्नम् यच्छति > अन्नंयच्छति

Annam yacchati

(Ele dá o alimento)

हंस
hamsa
(cisne)

वंश
vamśa
(bambu)

- O "**m**" final antes de consoantes opcionalmente é substituído pela nasal da classe da consoante.

Exemplo:

किम् करोति > किंरोति किङ्करोति
Kim Karoti. > **kiṅkaroti**
(O que ele faz?)

- É substituído por anusvāra ou pela nasal correspondente à consoante a qual se junta.

- antes de guturais (k, kh, g, gh) > **ń**

- antes de palatais (c, ch, j, jh) > **ñ**

- antes de cerebtais (ṭ, ṭh, ḍ, ḍh) > **ṇ**

- antes de linguodentais (t, th, d, dh) > **n**

- antes de bilabiais (p, ph, b, bh) > **m**

Exemplos:

अन्नम् पचति > अन्नम्पचति ou अन्नंपचति

Annam pacati > Annampacati

(Ele cozinha ao arroz)

ग्रामम् जयति > ग्रामञ्जयति ou ग्रामंजयति

Grāmam jayati > Grāmañjayati

(Ele conquista a cidade)

गृहम् त्यजति > गृहन्त्यजति ou गृहंत्यजति

Gṛham tyajati > Gṛhantyajati).

(Ele abandona a casa)

सम् गीता > सङ्गीता ou संगीता

Sam+gītā > saṅgītā)

(Coro ou representação teatral)

अहम् कार > अहङ्कार ou अहंकार

Aham kāra > Ahańkāra

(consciência de eu e meu)

Regra do "t" final

- o "**t**" é substituído por "**d**" antes de consoante sonora ou vogal, exceto **j**, **l** ou nasal. O "**t**" seguido de **j**, **l** ou nasal é substituido por **j**, **l** ou nasal respectivamente.

Exemplos:

मेघात् जलम् > मेघाज्जलम्

Meghāt jalam > **Meghājjalam**

(água da chuva)

पापात् लोकः > पापाल्लोकः

Pāpāt lokaḥ > **Pāpāllokaḥ**

(mundo do mal)

जगत् नाथः > जगन्नाथः

Jagat nātha > **Jagannāth**

(Senhor do Universo)

Mudança de classe

(com relação a zona de articulação – gutural, palatal, linguopalatal, linguodental ou cerebral e bilabial)

a) Dentais (**t**, **th**, **d**, **dh**, **n**, **s**) quando seguidas ou precedidas por palatais são substituídas por palatais (**c**, **ch**, **j**, **jh**, **ñ**, **ś**)

Exemplo:

सत् चित् आनन्द > सच्चिदानन्द
Sat cit ānanda > Saccidānanda
(Existência, Conciência, Plenitude)

b) Dentais (**t**, **th**, **d**, **dh**, **n**, **s**) quando seguidas ou precedidas por cerebrais são substituídas por cerebrais (**ṭ**, **ṭh**, **ḍ**, **ḍh**, **ṇ**)

Exemplo:

तत् टीका > तट्टीका
Tat ṭikā > **Taṭṭikā**
(este Comentário)

Śrī Kṛṣṇa

Alguns versos da Bhagavadgītā

कर्मण्येवाधिकारस्ते मा फलेषु कदाचन ।४६॥
मा कर्मफलहेतुर्भूर्मा ते सङ्गोऽस्त्वकर्माणि॥४७॥

Karmaṇyevādhikāraste mā phaleṣu kadācana
Mā karmaphalaheturbhūr mā te
saṅgo'stvakarmaṇi(B.G.II.47)

"A sua qualificação é somente para ação, jamais para os resultados das ações. Não se considere causa do resultados das suas ações, nem jamais se associe à não-ação."

अहमात्मा गुडकेश सर्वभूताश्यस्थितः।
अहमादिश्च मध्यं च भूतानामन्त एव च ॥१० २०॥

Ahamātmā Guḍakeśa sarvabhūtāśayasthitaḥ

Ahamādiśca madhyam ca bhūtānāmanta eva ca (B.G.X.20)

" Permanecendo no coração de todos os seres, Ó Arjuna, Eu sou o Ātman. Eu sou o início, o meio e o fim de todos os seres."

योगस्थः कुरु कर्माणि सङ्गं त्यक्त्वा धनञ्जय।
सिद्ध्यसिद्ध्योः समो भूत्वा समत्वं योग उच्यते॥ ॥२ ४८॥

Yogasthaḥ kuru karmāṇi saṅgam tyaktvā Dhanañjaya

Siddhyasiddhyoḥ samo bhūtvā samatvam yoga ucyate (B G.II.48).

"Estando firme no Yoga, faça ações abandonando o apego (aos resultados), ó Dhanañjaya.Tenha a mesma atitude frente ao sucesso ou a derrota. A atitude de equilíbrio da mente é chamada Yoga."

Parte III

1. Conjugação de verbos; base verbal
2. Tempo Presente
3. Tempo Passado
4. Tempo futuro
5. Modo Imperativo
6. Particípios declináveis
7. Formas indeclináveis

1 - Conjugação de verbos em sânscrito

सम्सकृतभाषायां प्रायेण २२०० धातवः सन्ति
तेषां एकैकस्यापि धातोः दश लकाराः सम्भवन्ति
तेषु षट् लकाराः कालवाचकाः चत्वारः प्रकारबोधकाः ॥

Samskṛtabhāṣāyām prāyeṇa 2200 dhātavaḥ santi

Teṣām ekaikasyāpi dhātoḥ daśa lakārāḥ sambhavanti

Teṣu ṣaṭ lakārāḥ kālavācakāḥ catvāraḥ prakārabodhakāḥ II

Śabda Mañjari, pag108

"Existem aproximadamente 2.200 raízes verbais (dhātu) na linguagem sânscrita. Dez tempos e modos existem para cada uma dessas raízes verbais. São seis tempos e quatro modos."

As 2.200 raízes verbais da linguagem sânscrita, compiladas por Pāṇini, estão organizadas num livro chamado Dhātupātha, em dez classes ou grupos (gaṇa), que, em português, chamamos de conjugações. Cada conjugação recebe o nome da raiz verbal que a lidera. Por exemplo, a lista de raízes da primeira conjugação começa com a raiz verbal **bhū,** ser, existir, tornar-se) e é chamada **Bhvādigaṇaḥ** e são ao todo

1079 raízes. A segunda conjugação começa com a raiz **ad**, comer, possui 72 raízes e é chamada **Adādigaṇaḥ** e assim por diante.

Esses gaṇa ou conjugações são diferenciados por determinados afixos chamados **gaṇavikaraṇam**. Assim, por exemplo, o gaṇavikaraṇam da 1ª conjugação é "**a**", o da 4ª conjugação é "**ya**", etc.

Conjugações (Gaṇāḥ)

Prathamagaṇaḥ (1ª conjugação)
Bhvādigaṇaḥ
bhū + ādi + gaṇaḥ > grupo começa dp com a raiz bhū
Nº de raízes - 1079
Letra indicatória da conjugação (Gaṇavikaṇam) - **a**

Dvitīyagaṇaḥ (2ª conjugação)
Adādigaṇaḥ
ad + ādi + gaṇaḥ > grupo começado com a raiz ad = comer
Nº de raízes – 72

Tṛtīyagaṇaḥ (3ª conjugação)
Juhotyādigaṇaḥ
juhoti + ādi + gaṇaḥ > grupo começado com a raiz juhoti = adorar
Nº de raízes - 24

Caturthagaṇaḥ (4ª conjugação)
Divādigaṇaḥ

div + ādi + gaṇaḥ > grupo começado com a raiz div = jogar
Nº de raízes - 140
Letra indicatória da conjugação (Gaṇavikaṇam) - **ya**

Pañcamagaṇahḥ (5ª conjugação)
Svādigaṇaḥ
su + ādi + gaṇaḥ > grupo começado com a raiz su = pressionar
Nº de raízes - 34
Letra indicatória da conjugação (Gaṇavikaṇam) - **na**

Ṣaṣṭhagaḥaḥ (6ª conjugação)
Tudādigaṇaḥ
tud + ādi + gaṇaḥ > grupo começado com a raiz tud = machucar
Nº de raízes - 157
Letra indicatória da conjugação (Gaṇavikaṇam) - **a**

Saptamagaṇaḥ (7ª conjugação)
Rudhādigaṇaḥ
rudh + ādi + gaṇaḥ > grupo começado com a raiz rudh = oprimir
Nº de raízes - 25
Letra indicatória da conjugação (Gaṇavikaṇam) - **na**

Aṣṭamagaṇaḥ (8ª conjugação)
Tanādigaṇaḥ
tan + ādi + gaṇaḥ > grupo começado com a raiz tan = alongar
Nº de raízes - 10
Letra indicatória da conjugação (Gaṇavikaṇam) - **a**

Navamagaṇaḥ (9ª conjugação)
Kryādigaṇaḥ

kṛ + ādi + gaṇaḥ > grupo começado com a raiz kṛ = fazer
Nº de raízes - 61
Letra indicatória da conjugação (Gaṇavikaṇam) - **na**

Daśamagaṇaḥ (10ª conjugação)
Curādigaṇaḥ
cur + ādi + gaṇaḥ > grupo começado com a raiz cur = roubar
Nº de raízes - 440
Letra indicatória da conjugação (Gaṇavikaṇam) - **aya**

Inicialmente veremos somente a 1ª, 4ª, 6ª e 10ª conjugações, por abrangerem um maior número de raízes. As raízes verbais da 2ª, 3ª, 5ª, 7ª, 8ª e 9ª conjugações estão sujeitas regras particulares para a formação da base verbal e são estudadas mais tarde.

As raízes verbais também são classificadas como **Parasmaipada** (para os outros) e **Ātmanepada** (para mim mesmo). Essas classificações referem-se a grupos de terminações conjugacionais de tempos e modos. Algumas raízes recebem somente terminações Parasmaipada e outras, as raízes Ātmanepada, e ainda outras podem receber opcionalmente qualquer uma das duas terminações conjugacionais, que se denominam, neste último caso, **Ubhayapada** (para ambos). Essas terminações são aplicadas na voz ativa (kartariprayoga) em todos os tempos e modos. Na voz passiva (karmaṇiprayoga), são aplicadas somente terminações Ātmanepada.

Para facilitar a identificação dessa classificação, as raízes vêm sempre seguidas do número indicativo da conjugação, entre parênteses, e das letras "**P**" (Parasmaipada), "**Ā**" (Ātmanepada) ou "**U**" (Ubhayapada), como nos exemplos a seguir:

Budh (**1P**), (conhecer), raiz da 1ª conjugação e se conjuga com afixo Parasmaipada.

Tuṣ (**4P**), (estar feliz), raiz da 4ª conjugação e se conjuga com terminações Parasmaipada.

Labh (**1A**), (conseguir), raiz da 1ª conjugação e se conjuga com terminações Ātmanepada.

Bhaj (**1U**), (partilhar), raiz da 1ª conjugação e se conjuga opcionalmente com terminações Parasmaipada ou Ātmanepada.

Tempos e Modos verbais

Existem seis tempos (kālāḥ) e quatro modos (arthāḥ). Seus nomes gramaticais e seu emprego estão resumidos no seguinte verso (SASTRY et al., 2000, p.109):

लट् वर्तमाने लेट् वेदे भूते लुङ्लङ्लिटस्तथा।
विद्याशिषोऽस्तु लिङ्लेटौ लुट् लृट् लृङ् च भविष्यति॥

Laṭ vartamāne leṭ vede bhūte luṅlaṅliṭastathā ।
Vidhyāśiṣo'stu liṅloṭau luṭ lṛṭ lṛṅ ca bhavisyati.

"Laṭ é usado no tempo presente; leṭ no Veda; luṅ laṅ liṭ no passado liṅ no potencial e beneditivo e loṭ, no Imperativo; luṭ lṛṭ˙ lṛṅ no futuro."

Podemos observar pelo verso que os tempos verbais são os seguintes:

Um tempo Presente, três tempos passados (bhūta = o que já foi produzido). O tempo Leṭ ou subjuntivo é usado somente no Sãnscrito Vedico e por isso é denominado Subjuntivo védico. Existem ainda dois tempos futuros.

Há quatro modos verbais: Imperativo, Potencial, beneditivo e Condicional

Tempos e Modos

Nome descritivo	Nome gramatical*	Tempo
Vartamānakālaḥ o que acontece no momento presente	**Laṭ**	Presente
Anadyatanabhūtakālaḥ tempo que foi produzido e não pertence ao momento presente	**Laṅ**	Passado
Bhūtakālaḥ o tempo que produzido num passado indefinido que não se pode detectar se foi recente ou remoto	**Luṅ**	Passado
Parokṣabhūtakālaḥ o tempo que já foi produzido num passado indefinido que não se pode detectar exatamente se foi recente ou remoto	**Liṭ**	Passado
Anadyatanabhaviṣyatkālaḥ tempo que não pertence ao momento presente e que ainda será produzido	**Luṭ**	Futuro
Bhaviṣyatkālaḥ tempo que será produzido	**Lṛṭ**	Futuro

* Nome técnico dado por Pāṇini

Modos Arthāḥ

Ājñā Comando, ordem	**Loṭ**	Imperativo
Vidhiḥ prescrição, aconselhamento) é o Po	**Vidhiliṅ**	Potencial
Āśīḥ benção	**Āśīliṅ**	Beneditivo
Kriyātipattiḥ ou **Saṅketa** uma ação projetada ou uma convenção ou acordo	**Lṛṅ**	Condicional

Pessoa e número

O verbo é conjugado em três pessoas e três números.

As pessoas são:

1. **Prathamapuruṣaḥ** (a primeira pessoa – ele, ela)

2. **Madhyamapuruṣaḥ** (pessoa do meio ou segunda pessoa - tu, você)

3. **Uttamapuruṣaḥ** (a pessoa mais importante, Eu)

Como vemos, a ordem de conjugação é **"ele**, **você**, **eu"**. Porém, para facilitar o estudo do sânscrito aqui no ocidente, é mantida a ordem **"eu, tu, ele".**

Número:

1. **Ekavacanam**, o singular;
2. **Dvivacanam**, o dual;
3. **Bahuvacanam**, o plural.

Exemplificando:

Em sânscrtio conjuga-se:

eu falo (1ª pessoa do sing), nós dois falamos (1ª pessoa dual) e nós todos (mais de dois) falamos. Assim também com a segunda e terceira pessoas.

Base verbal

Antes da conjugação verbal, a raiz é submetida a uma preparação, transformando-se em base verbal. Essa preparação é regida por regras específicas para cada conjugação, envolvendo substituições de vogais por seus guṇa ou vṛddhi correspondentes. Só depois é acrescentado o gaṇavikaraṇam (letra indicatória) da conjugação.

A seguir, é apresentado o quadro de vogais com os seus guṇa e vṛddhi correspondentes:

Quadro resumo de Guṇa e Vṛddhi					
Vogais	**a** ou **ā**	**i** ou **ī**	**u** ou **ū**	**ṛ** ou **ṝ**	**lṛ**
guṇa	**a**	**e**	**o**	**ar**	**al**
vṛddhi	**ā**	**ai**	**au**	**ār**	**āl**

Vejamos o exemplo das regras para a formação da base verbal da 1ª, 4ª, 6ª e 10ª conjugações:

Formação da base verbal da 1ª conjugação

a. Se a última letra da raiz verbal for vogal breve ou longa, ela é substituída pela letra guṇa correspondente.
b. Se não for o caso acima, verificar a penúltima letra; se for vogal breve, ela é substituída pela letra guṇa correspondente;
c. Acrescentar o gaṇavikaraṇam da 1ª conjugação **a**
d. Formada a base verbal, adicionam-se as terminações do tempo

Exemplo:

बुध budh (1P) conhecer

- A última letra é consoante (dh). Passamos, então, para a penúltima letra que é a vogal **u breve**; pela regra, esta vogal deve ser substituída pelo seu guṇa, **(o)** > बोध् **Bodh**. Logo após, acrescentamos o gaṇavikaraṇam da 1ª conjugação **(a):** बोध **bodha**

Preparada a base verbal बोध (bodha), já é possível conjugá-la ou seja acrescentar as terminações de tempo.

4ª conjugação

a. Não há alterações ou substituições na raiz.
b. Acrescenta-se à raiz o gaṇavikaraṇam da 4ª conjugação: (ya)
c. Adicionam-se as terminações de tempo

Exemplo:

तुष् tuṣ (4P) estar feliz

Como não há substituições a serem feitas, acrescentamos o **gaṇavikaraṇam ya**

तुष् tuṣ + य ya > तुष्य **tuṣya**

तुष्य **tuṣya** é base verbal; está pronta para ser conjugada.

6ª conjugação

a. Não há substituições a serem feitas na raiz.

b. Acrescenta-se o gaṇavikaraṇam (a)

c. Adicionam-se as terminações de tempo

Exemplo:

Raiz तुद् **tud** (6P) bater, machucar

तुद् **tud** + a > तुद **tuda**

तुद **tuda** é a base verbal da raiz तुद् **tud**

10ª conjugação

a. Se a última letra da raiz verbal for vogal breve ou longa, é substituída pela letra vṛddhi correspondente;

b. Se não for o caso acima, verificar a penúltima letra; se for vogal breve diferente de **a**, é substituída pela letra guṇa correspondente.

c. Se a penúltima letra for a vogal **a**, ela é substituída pela letra **vṛddhi** correspondente.

d. Acrescenta-se então, o gaṇavikaraṇam da 10ª conjugação, **aya**

e. Adicionam-se as terminações de tempo

Obs.: Há raízes da 10ª conjugação que não sofrem as alterações do item **a**, por isso são marcadas com um *

Exemplo :

Raiz चुर् **cur** (10U) roubar

- penúltima vogal diferente de "**a**", recebe guṇa; o guṇa de "u é "o") então

चोर् **co**r + अय aya > चोरय **coraya**

चोरय **coraya** é a base verbal da raiz चुर् (**cur**)

Preparada a base verbal, parte-se para adição das terminações verbais na voz ativa.

2 - Tempo Presente (laṭ)

Terminações Parasmaipada

Pes	Ekavacana	Dvivacanam	Bahuvacanam
1ª	* मि mi	* वः vaḥ	* मः maḥ
2ª	सि si	थः thaḥ	थ tha
3ª	ति ti	तः taḥ	* अन्ति anti

Terminações Ātmanepada

Pes	Ekavacana	Dvivacanam	Bahuvacanam
1ª	इ i	वहे *vahe	* महे mahe
2ª	से se	इथे ithe	ध्वे dhve
3ª	ते te	इते ite	* अन्ते ante

Obs.: As terminações marcadas com * obedecem às seguintes regras:

- O **a** final da base verbal é substituído por **ā**, antes das terminações verbais começadas com **m** ou **v**.

- O **a** final da base verbal cai, antes das terminações verbais começadas por **a**.

Exemplos:

Raiz बुध् **budh** (1P), conhecer

Base verbal बोध **bodha**

Tempo Laṭ (Presente) Parasmaipada

Pes	Ekavacana	Dvivacanam	Bahuvacanam
1ª	बोधामि* **bodhāmi** eu conheço	बोधावः* **bodhāvaḥ** nós dois conhecemos	बोधामः * **bodhāmaḥ** nós todos conhecemos
2ª	बोधसि **bodhasi** você conhece	बोधथः **bodhathaḥ** vocês dois conhecem	बोधथ **bodhatha** vocês todos conhecem
3ª	बोधति **bodhati** ele conhece	बोधतः **bodhataḥ** eles dois conhecem	बोधन्ति **bodhanti** eles todos conhecem

Raiz तुष् **tuṣ** (4P) estar feliz

Base verbal: तुष्य tuṣya

Tempo Laṭ (Presente) Parasmaipada

Pes	Ekavacana	Dvivacanam	Bahuvacanam
1ª	तुष्यामि * **tuṣyāmi** eu estou feliz	तुष्यावः * **tuṣyāvaḥ** nós dois estamos felizes	तुष्यामः * **tuṣyāmaḥ** nós todos estamos felizes
2ª	तुष्यसि **tuṣyasi** você está feliz	तुष्यथः **tuṣyathaḥ** vocês dois estão felizes	तुष्यथ **tuṣyatha** vocês todos estão felizes
3ª	तुष्याति **tuṣyati** ele está feliz	तुष्यतः **tuṣyataḥ** eles dois estão felizes	तुष्यन्ति* **tuṣyanti** eles todos estão felizes

Raiz लभ labh (**1A**) obter, conseguir

Base verbal : लभ labha

Tempo Laṭ (Presente) Ātmanepada

Pes	Ekavacana	Dvivacanam	Bahuvacanam
1ª	लभे **labhe** (labha + i) eu consigo	लभावहे * **labhāvahe** nós dois conseguimos	लभामहे * **labhāmahe** nós todos conseguimos
2ª	लभसे **labhase** você consegue	लभेथे **labhethe** (labha + ithe) vocês dois conseguem	लभध्वे **labhadhve** vocês todos conseguem
3ª	लभते **labhate** ele consegue	लभेते **labhete** (labha + ite) eles dois conhecem	लभन्ते * **labhante** eles todos conhecem

Raiz चुर् cur (10U*) roubar

Base verbal: चोरय coraya

* O **U** indica que essa raiz pode ser conjugada com as terminações Parasmaipada ou com as terminações Ātmanepada.É opcional. Apresentamos aqui a com a conjugação Ātmanepada.

Tempo Laṭ (Presente) Ātmanepada

Pes	Ekavacana	Dvivacanam	Bahuvacanam
1ª	चोरये **coraye** eu roubo	चोरयावहे **corayāvahe** nós dois roubamos	चोरयामहे **corayāmahe** nós todos roubamos
2ª	चोरयसे **corayase** você rouba	चोरयेथे **corayethe** vocês dois roubam	चोरयध्वे **corayadhve** vocês todos roubam
3ª	चोरयते **corayate** ele rouba	चोरयेते **corayete** eles dois roubam	चुरयन्ते **corayante** eles todos roubam

3 - Tempo Passado (Laṅ)

Como já se analisou no Módulo II, há três formas para o tempo Passado. Estudaremos a primeira forma de Tempo Passado (**Laṅ**), que pode ser traduzido em português também como Pretérito Imperfeito.

A formação da base verbal segue as mesmas regras de formação da base verbal vistas para o tempo Presente (Laṭ) da 1ª, 4ª, 6ª e 10ª conjugações. O que diferencia a formação da base verbal para o Tempo Passado é a prefixação do (**a**), à base verbal.

Exemplo:

Raiz verbal त्यज् (**tyaj**) (1P) abandonar, renunciar

Base verbal त्यज (**tyaja**) > **a** + tyaja = **atyaja**

अत्यज

Acrescentar as terminações do Tempo Passado.

É importante observar as seguintes situações:

1- Quando a raiz verbal já for precedida por uma preposição, o "**a**" deve ser inserido entre o prefixo e a raiz verbal.

Exemplo:

A raiz verbal प्रतिपत् (**pratipat**) (1P), atirar-se, é composta de **prati + pat**

Formação da base verbal normal **pratipat+ a > pratipata**

Formação da base verbal para o tempo Passado:

prati+ a+ pata > pratyapata > प्रत्यपत

Acrescentar as terminações do Tempo Passado

2- Quando a raiz verbal começar com uma vogal, o"**a**" adicional leva a vogal inicial a ser substituída por seu vṛddhi.

Exemplo:

इष् (इच्छ) **Iṣ (icch)** (6P) desejar

Base verbal: **iccha** > **a+iccha** >**aiccha** ऐच्छ ("ai" é vṛddhi de "i")

Terminações verbais,para a voz ativa, no Tempo Passado (Laṅ)

Terminações Parasmaipada

Pes	Ekavacana	Dvivacanam	Bahuvacanam
1ª	अम् am *	व va*	म ma*
2ª	स् s	तम् tam	त ta
3ª	त् t	ताम् tām	अन् an*

Terminações Ātmanepada

Pes	Ekavacana	Dvivacanam	Bahuvacanam
1ª	इ i	वहि * vahi	महि * mahi
2ª	थाः thāḥ	इथाम् ithām	ध्वम् dhvam
3ª	त ta	इतम् itām	अन्त anta*

Obs.: As terminações marcadas com * referem- se às mesma regras citadas nas terminações do tempo presente

Exemplos:

Raiz गम् (गच्छ्) **Gam** (gacch) (1P), ir

Base verbal a + gacch+ a= **agaccha** अगच्छ

Pes	Ekavacana	Dvivacanam	Bahuvacanam
1ª	अगच्छम् * **agaccham** eu fui	अगच्छाव * **agacchāva** nós dois fomos	अगच्छाम * **agacchāma** nós todos fomos
2ª	अगच्छ: **agacchaḥ** você foi	अगच्छतम् **agacchatam** vocês dois foram	अगच्छत **agacchata** vocês todos foram
3ª	अगच्छत् **agacchat** ele foi	अगच्छताम् **agacchatām** eles dois foram	अगच्छन् * **agacchan** eles todos foram

Raíz लभ् **labh** (1A), adquirir, conseguir, obter,

Base verbal a + labh + a = **alabha** अलभ

Pes	Ekavacana	Dvivacanam	Bahuvacanam
1ª	अलभे **alabhe**	अलधावहि* **alabhāvahi**	अलभामहि* **alabhāmahi**
2ª	अलभथाः **alabhathāḥ**	अलभेताम् **alabhethām**	अलभध्वम् **alabhadhvam**
3ª	अलभत **alabhata**	अलभेताम् **alabhetām**	अलभन्त * **alabhanta**

Obs.: As terminações marcadas com * obedecem as mesmas regra para as terminações do Tempo Presente.

4 - Tempo Futuro

Há duas formas de Futuro em Sânscrito:

- **Anadyatanabhaviṣyatkālaḥ** - tempo que não pertence ao momento presente e que vai ser produzido - Futuro (Luṭ)

- **Bhaviṣyatkālaḥ** - tempo que vai ser produzido: imediato ou remoto - Futuro simples (Lṛṭ)

Usaremos o Futuro Simples (Lṛṭ)

Antes de iniciarmos o estudo do Futuro precisamos conhecer as três classes em que os dhātu - raízes verbais, são classificados:

1ª - Raízes **Seṭ**
(**sa** + **iṭ**) - isto é, raízes que inserem (i) antes das terminações

2ª - Raízes **Aniṭ**
(**an** + **iṭ**), isto é, raízes que não inserem (i) antes das terminações

3ª - Raízes **Veṭ**

(**vā** + **iṭ**), isto é, raízes que opcionalmente inserem (i) antes das terminações de conjugação

As regras que determinam inserir ou não o (i) antes das terminações verbais são bastante minuciosas. Para um estudo inicial do Sânscrito, no entanto, devemos saber que elas podem ocorrer, por exemplo antes das terminações do Futuro, dos Particípios, Infinitivo e de outros tempos dependendo da terminação da raiz. A maioria das raízes são **seṭ** (inserem "i")

Terminações verbais para o Futuro Simples (lṛṭ)

Terminações Parasmaipada

Pes	Ekavacana	Dvivacanam	Bahuvacanam
1ª	स्यामि * syāmi	स्यावः * syāvaḥ	स्यामः * syāmaḥ
2ª	स्यसि syasi	स्यथः syathaḥ	स्यथ syatha
3ª	स्यति syati	स्यतः syataḥ	स्यन्ति * syanti

Terminações Ātmanepada

Pes	Ekavacana	Dvivacanam	Bahuvacanam
1ª	स्ये sye	स्यावहे * syāvahe	स्यामहे * syāmahe
2ª	स्यसे syase	स्येथे syethe	स्यध्वे syadhve
3ª	स्यते syate	स्येते syete	स्यन्ते * syante

Regras

- Se a letra final da raiz for vogal curta ou longa, ela é substituída por seu guṇa.

- Se a penúltima letra for vogal curta, ela é substituída por seu ga.

- As raízes da 10ª conjugação mantém a base verbal completa como no tempo Presente.

- Nas raízes que inserem o (i), o (s) da terminação é substituídopor (**ṣ**)

Exemplos de conjugação de raízes seṭ (que inserem "i")

गम् (गच्छ्) **gam** (**gacch**) (1P), ir (gam + i = gami) गमि + termin do futuro

Terminações Parasmaipada

Pes	Ekavacana	Dvivacanam	Bahuvacanam
1ª	गमिष्यामि **gamiṣyāmi** eu irei	गमिष्यावः **gamiṣyāvaḥ** nós dois iremos	गमिष्यामः **gamiṣyāmaḥ** nós iremos
2ª	गमिष्यसि **gamiṣyasi** você irá	गमिष्यथः **gamiṣyathaḥ** vocês dois irão	गमिष्यथ **gamiṣyatha** vocês todos irão
3ª	गमिष्यति **gamiṣyati** ele irá	गमिष्यतः **gamiṣyataḥ** eles dois irão	गमिष्यन्ति **gamiṣyanti** eles todos irão

भू **(1P) bhū,** ser, existir (guṇa de **u** é **o**) bho + i = bhavi भवि + termin do futuro

Terminações Parasmaipada

Pes	Ekavacana	Dvivacanam	Bahuvacanam
1ª	भविष्यामि **bhaviṣyāmi**	भविष्यावः **bhaviṣyāvaḥ**	भविष्यामः **bhaviṣyāmaḥ**
2ª	भविष्यसि **bhaviṣyasi**	भविष्यथः **bhaviṣyathaḥ**	भविष्यथ **bhaviṣyatha**
3ª	भविष्यति **bhaviṣyati**	भविष्यतः **bhaviṣyataḥ**	भविष्यन्त **bhaviṣyanti**

सेव् **Sev** (1A) servir (sev + i= sevi) सेवि+ termin do futuro

Terminações Ātmanepada

Pes	Ekavacana	Dvivacanam	Bahuvacanam
1ª	सेविष्ये **sevişye** eu servirei	सेविष्यावहे **sevişyāvahe** nós dois serviremos	सेविष्यामहे **sevişyāmahe** nós todos serviremos
2ª	सेविष्यसे **sevişyase** você servirá	सेविष्येथे **sevişyethe** vocês dois servirão	सेविष्यध्वे **sevişyadhve** vocês servirão
3ª	सेविष्यते **sevişyate** ele servirá	सेविष्येते **sevişyete** eles dois servirão	सेविष्यन्ते **sevişyante** eles servirão

Exemplo de conjugaçãode raízes aniṭ (que não inserem "i")

नम् **nam** (1P) saudar

Terminações Parasmaipada

Pes	Ekavacana	Dvivacanam	Bahuvacanam
1ª	नंस्यामि **namsyāmi**	नंस्यावः **namsyāvaḥ**	नंस्यामः **namsyāmaḥ**
2ª	नंस्यासि **namsyasi**	नंस्यथः **namsyathaḥ**	नंस्यथ **namsyatha**
3ª	नंस्यति **namsyati**	नंस्यतः **namsyataḥ**	नंस्यस्यन्ति **namsyanti**

5 - Modo Imperativo

Para conjugar o Modo Imperativo volta-se a formar a base verbal como para os tempos Presente e Passado.

Terminações verbais para o Imperativo

Terminações Parasmaipada

Pes	Ekavacanam	Dvivacanam	Bahuvacanam
1ª	आनि **āni**	आव **āva**	आम **āma**
2ª	**Igual á base verbal** ou तात् **tāt**	तम् **tam**	त **ta**
3ª	तु **tu** ou तात् **tāt**	ताम् **tām**	अन्तु **antu**

Terminações Ātmanepada

Pes	Ekavacanam	Dvivacanam	Bahuvacanam
1ª	ऐ **ai**	आवहै **āvahai**	आमहै **āmahai**
2ª	स्व **sva**	इथाम् **ithām**	ध्वम् **dhvam**
3ª	ताम् **tām**	इताम् **itām**	अन्ताम् **antām**

Raiz बुध् budh (1P), conhecer

Base verbal बोध bodha

Tempo Imperativo Parasmaipada

Pes	Ekavacanam	Dvivacanam	Bahuvacanam
1ª	बोधानि **bodhāni** que eu conheça	बोधाव **bodhāva** que nós dois conheçamos	बोधाम **bodhāma** que nós todos conheçamos
2ª	बोध **bodha** ou बोधतात् **bodhatāt** que você conheça	बोधतम् **bodhatam** que vocês dois conheçam	बोधत **bodhata** que vocês todos conheçam
3ª	बोधतु **bodhatu** ou बोधतात् **bodhatāt** que ele conheça	बोधताम् **bodhatām** que eles dois conheçam	बोधन्तु **bodhantu** que eles todos conheçam

Raiz मन् man (4A), pensar

Base verbal मन्य manya

Tempo Imperativo Ātmanepada

Pes	Ekavacanam	Dvivacanam	Bahuvacanam
1ª	मन्यै **manyai** que eu pense	मन्यावहै **manyāvahai** que nós dois pensemos	मन्यामहै **manyāmahai** que nós todos pensemos
2ª	मन्यस्व **manyasva** que você pense	मन्येथाम् **manyethām** que vocês dois pensem	मन्यध्वम् **manyadhvam** que vocês todos pensem
3ª	मन्यताम् **manyatām** que ele pense	मन्येताम् **manyetām** que eles dois pensem	मन्यन्तम् **manyantām** que eles todos pensem

Exemplos:

सिद्धिर्भवतुमेसदा। सिद्धिः भवतु मे सदा ।

Siddhir**bhavatu** me sadā. (Siddhiḥ **bhavatu** me sadā.)
Que sempre (sadā) exista (bhavatu) sucesso (siddhiḥ) para mim (me)!

क्रोधः जने मा भवतु ।

Krodhaḥ jane **mā bhavatu.**
Que nunca (mā) exista (bhavatu) raiva (krodhaḥ) entre as pessoas (jane)

मातरं पश्यन्तु बालाः।

Mātaram **paśyantu** bālāḥ.
Que as crianças (bālāḥ) vejam (paśyantu) a mãe (mātaram).

स ह नाववतु ।

Sa ha nāvavatu. (Sa há nau **avatu**)
Que Ele verdadeiramente (sa ha) proteja (avatu) nós dois (nau)

मा विद्विषावहै।

Mā **vidviṣāvahai.**
Que jamais nos desentendamos.

6 - Particípios declináveis e formas indeclináveis

Além dos tempos e modos já citados, que exigem preparação da base verbal para serem conjugados, há também formas não conjugacionais (particípios, gerúndio, infinitivo, etc), nas quais determinados **Pratyaya** (sufixos) são adicionados diretamente à raiz. Nestas formas verbais, observar as raízes que inserem "**i**" (set) antes de acrescentar a terminação. Vejamos alguns exemplos.

a. Ktapratyaya

O Particípio Passado Passivo (ktapratyaya) é formado adicionando-se à raiz verbal,o sufixo **ta.** É declinado como um adjetivo e concorda com o substantivo. No gênero masculino e neutro, declina-se como as palavras terminadas em "**a**". No feminino, como as palavras terminadas em "**ā**".

A junção das terminações verbais obedecem às regras de sandhi de vogal, e consoante e algumas regras específicas.

A Raízes Seṭ, como já foi explicado anteriormente,inserem "i" antes da terminação dos Particípios.

Exemplos:

Arc (1P) adorar - (arc + i + ta) **arcita** adorado ou foi adorado, é adorado

Cur (10U) roubar - (cur > cor + i + ta) **coriita** roubado, foi roubado, é roubado

kṛ (8 U) fazer - (kṛ + ta) **kṛta** feito, foi feito, é feito

gam (1P) ir - (gam > ga +ta) **gata** ido

muc (6P) liberar - (muc + ta > muk+ ta) **mukta** liberado, foi liberado

sidh (4P) realizar - (sidh + ta> **siddha** realizado, foi realizado

budh (1P) conhecer- (budh + ta) **buddha** conhecido, foi conhecido

śru (5) escutar - (śru + ta) **śruta** escutado, foi escutado

अरिः जितः। **Ariḥ jitaḥ.**

Ariḥ (m; 1º caso sing)

jitaḥ (m; 1º caso sing ; Ji (1P) (vencer); Ji**ta** (foi vencido)

O inimigo foi vencido.

वृक्षात् फलानि पतितानि बलेन तिष्ठन्ति।

Vṛksāt phalāni patitāni bālena tiṣṭhanti.

Vṛksāt (m; 5º caso sing) da árvore

phalāni (n; 1º caso pl) as frutas

patitāni (n; 1º caso pl; pat (1P) cair, patita (caída)

bālena (m; 3 º caso) com o menino

tiṣṭhanti (raiz sthā -tiṣṭha; 3 º pes. pl) estão

As frutas caídas da árvore estão com o menino.

b. Ktavatpratyaya

O Particípio Passado Ativo (ktavat pratyaya) é formado adicionando-se o pratyaya **vat** à forma do particípio passado passivo. Declina-se como a palavra **dhīmat** (inteligente), nos generos masculino e neutro. O gênero feminino é formado acrescentando-se **"ī"**(**vatī**) e é declinado como os nomes femininos terminados em "**ī**", cujo modelo, é **nādī.** É empregado também como Passado.

Exemplos:

Arc (1P) adorar – arcita + vat - **arcitavat** adorou

Cur (10U) roubar coriita + vat - **coritavat** roubou

kṛ (8 U) fazer - kṛta + vat - **kṛtavat** fêz

gam (1P) ir - gata + vat - gatavat foi

Modelo: धीमत् **dhīmat** (m) inteligente

Casos	Ekavacanam	Dvivacanam	Bahuvacanam
1º	धीमान् **dhīmān**	धीमन्तौ **dhīmantau**	धीमन्तः **dhīmantaḥ**
Vocat	हे धीमन् **he dhīman**	हे धीमन्तौ **he dhīmantau**	हे धीमन्तः **he dhīmantaḥ**
2º	धीमन्तम् **dhīmantam**	धीमन्तौ **dhīmantau**	धीमन्तः **dhīmataḥ**
3º	धीमता **dhīmatā**	धीमद्भ्याम् **dhīmadbhyām**	धीमद्भिः **dhīmadbhiḥ**
4º	धीमते **dhīmate**	धीमद्भ्याम् **dhīmadbhyām**	धीमद्भ्यः **dhīmadbhyaḥ**
5º	धीमन्तः **dhīmataḥ**	धीमद्भ्याम् **dhīmadbhyām**	धीमद्भ्यः **dhīmadbhyaḥ**
6º	धीमन्तः **dhīmataḥ**	धीमतोः **dhīmatoḥ**	धीमन्ताम् **dhīmatām**

7º	धीमति **dhīmati**	धीमतोः **dhīmatoḥ**	धीमत्सु **dhīmatsu**

Exemplos:

कविः गीतां पठातवान्।

Kaviḥ gītām paṭhitavān.

O poeta leu o poema

O poeta (Kaviḥ, 1º caso, masculino, singular)

leu (paṭhitavān, 1º caso, masculino, singular)

o poema (gītām, 2º caso, objeto direto)

वीरैः कविः वन्दितः।

Kaviḥ vīraiiḥ vanditaḥ.

O poeta foi saudado pelos heróis.

poetai (kaviḥ, m, 1º caso singular)

foi saudado (vanditaḥ, 1º caso singular)

pelos heróis(viraiḥḥ, m, 3º caso plural)

A forma neutra é declinada como o quadro abaixo

धीमत् **dhīmat** (n) inteligente

Casos	Ekavacanam	Dvivacanam	Bahuvacanam
1º	धीमत् **dhīmat**	धीमन्ती **dhīmatī**	धीमन्ति **dhīmanti**
Vocat	हे धीमत् **he dhīmat**	हे धीमती **he dhīmatī**	हे धीमन्ति **he dhīmanti**
2º	धीमत् **dhīmat**	धीमन्ती **dhīmatī**	धीमन्ति **dhīmanti**

Obs.:O restante é declinado como o gênero masculino.

7 - Formas verbais indeclináveis

Além das formas participiais declináveis, existem formas verbais indeclináveis. São as seguintes:

a- Ktvā pratyaya - adiciona-se o sufixo **tvā** à raiz verbal.

कृ **kṛ** (fazer) > कृत्वा **kṛtvā** (tendo feito ou fazendo)

श्रु **śru** (escutar) > श्रुत्वा **śrutvā** (tendo escutado ou escutando)

गम् **gam** (ir) > गत्वा **gatvā** (tendo ido ou indo)

दृश् **dṛś** (ver) > दृष्ट्वा **dṛṣṭvā** (tendo visto ou vendo)

- Lyap pratyaya- tem o mesmo sentido do ktvā pratyaya, mas só é usado quando a raiz verbal é precedida por preposição. Acrescenta-se o afixo **ya** à raiz verbal.

Por exemplo:

भू **bhū** (ser, tornar-se) > भूत्वा **bhūtvā** (tendo-se tornado)

porém,

अनुभू **anubhū** (experimentar) > अनुभूय **anubhūya** (tendo experimentado)

Obs.: quando a raiz verbal termina com vogal curta, acrescenta-se "**t** " antes do **ya,** como em

कृ (fazer) > कृत्वा (tendo feito),

porém

अनुकृ **anukṛ** (fazer depois, imitar) e अनुकृत्य **anukṛtya** (tendo imitado).

b - Tumum Pratyaya (Infinitivo)

Prepara-se a raiz como a base verbal da primeira conjugação e acrescenta-se sufixo **tum.**

श्रु **śru** (escutar) > श्रोतुम् **śrotum** (para escutar)

कृ **kṛ** (fazer) > कर्तुम् **kartum** (para fazer)

गम् **gam** (ir) > गन्तुम् **gantum** (para ir)

Durgā Mātāji

Ensinamentos das escrituras Tântricas

Verso preliminar do Ṣaṭcakranirupaṇa

(escritura Tântrica)

अथ तन्त्रानुसारेण षट्चक्रादि क्रमोद्गतः उच्यते
परमानन्दनिर्वह प्रथमाङ्कुरः॥

Atha tantrānusāreṇa ṣaṭcakrādi kramodvataḥ ucyate

Paramānandanirvāha prathamāṅkuraḥ

"Agora é falado o primeiro broto que cresce (da planta do Yoga) para a completa realização de Brahman (A Supreme Felicidade), o qual é realizado, segundo o Tantra, por meio dos seis cakras em sua ordem apropriada."

Kulārṇava Tantra (escritura Tântrica)

स्वयं ज्योतिरनाद्यन्तो निर्विकारः परात् परः।
निर्गुणः सच्चिदानन्दस्तदंशा जीवसञ्ज्ञकाः॥१८॥

Svayam jyotiranādyanto nirvikāraḥ parāt paraḥ

Nirguṇaḥ saccidānandastadamśā jīvasamjñakāḥ (I.8)

Todos os seres vivos existentes são somente uma parte Daquele que é o Autoluminoso, sem início e sem fim, Imutável, O mais elevado entre os mais elevados, sem atributos, que é Saccidānanda (Śiva).

Parte IV

1. Declinações
2. Declinação de palabvras masculinas terminadas em **a, i, u, ṛ**
3. Declinação de palabvrasfemininas terminadas em **ā, i, ī, u, ū, ṛ**
4. Declinação de palabvras neutras terminadas em **a, i, u, ṛ**

1 – Declinações

Viu-se anteriormente,que todas as palavras, em sânscrito, se originam de raízes verbais (**dhātus**). Tais raízes passam por um estágio intermediário, com o acréscimo de afixos (prefixos e sufixos) ou pratyayas, tornando-se uma base verbal ou nominal. Esta etapa é tecnicamente chamada **aṅga**. Só depois de adicionadas as terminações verbais ou conjugacionais ou as terminações de declinação, é que a raiz recebe o status de palavra (**padam)**.

As palavras em sânscrito são classificadas em dois grupos principais:

a. Subanta ou Nāmapadam - palavras declináveis ou com terminações de casos. São os nomes, adjetivos, pronomes, numerais.

Por exemplo:

शिवाय (Śivāya = para Śiva)

रामः (Rāmaḥ)

सः (saḥ = ele)

b. **Tiḍanta ou Kriyāpadam** - palavras com terminações verbais

Por exemplo:

बोधामि (bodhāmi = eu conheço)

त्यजन्ति (tyajanti = eles abandonam)

नृत्यथः (nṛtyathaḥ = vocês dois dançam)

As outras palavras que não estão dentro destas classificações são chamadas **avyayam** - palavras indeclináveis.

Por exemplo:

च (ca = e)

नमः (namaḥ = saudações)

अपि (api = também)

Há três gêneros:

Pumliṅgam - gênero masculino,

Strīliṅgam – gênero feminino e

Napumsakaliṅgam - gênero neutro.

Há três números :
Ekavacanam - singular,
Dvivacanam - dual e
Bahuvacanam - plural.

Terminações de casos

A função gramatical de um nome numa sentença é indicada por uma terminação chamada caso (vibhakti). O que nós expressamos em português por meio de uma preposição, em sãnscrito é expresso por uma terminação de caso.

Por exemplo: a base nominal योग (yoga), torna-se

योगः (yogaḥ, sujeito) o yoga

योगेन (yogena, instrumental) com o yoga, pelo yoga

योगाय (yogāya, objeto indireto) para o yoga

योगे (yoge, quando locativo) no yoga etc

As terminações de caso variam para cada gênero

São oito casos (vibhaktayaḥ):

Nome do caso

Prathamā, 1º caso, Nominativo - indica o sujeito, aposto ou predicativo

Sambodhanam, Vocativo - indica um invocação

Dvitīyā, 2º caso, Acusativo - objeto direto

Tṛtīyā, 3º caso, Instrumental - com as preposições por, pelo, através

Caturthā, 4º caso, Dativo - indica o objeto indireto; para

Pañcamī, 5º caso, Ablativo - origem ou destino;como from do inglês

Ṣaṣṭhī, 6º caso, Genitivo - posse; de, pertencendo a, como of do inglês

Saptamī, 7º caso, Locativo - com as preposições, em, no, entre

Para cada caso, Pāṇini estabeleceu "terminações de caso", que ele chamou Sup pratyaya. Essas terminações variam de acordo com o gênero e a letra final da base nominal

Terminações padrão estabelecidas por Pāṇini

Casos	Ekavacanam	Dvivacanam	Bahuvacanam
1º Prathamā	स् **s**	औ **au**	अस् **as**
Sambhodhana	स् **s**	औ **au**	अस् **as**
2º Dvitīya	अम् **am**	औ **au**	अस् **as**
3º Tṛtīya	आ **ā**	भ्याम् **bhyām**	भिस् **bhis**
4º Cathurthā	ए **e**	भ्याम् **bhyām**	भ्यस् **bhyas**
5º Pañcamī	अस् **as**	भ्याम् **bhyām**	भ्यस् **bhyas**
6º ṣaṣṭhī	अस् **as**	ओस् **os**	आम् **ām**
7º Saptamī	इ **i**	ओस् **os**	सु **su**

Uma observação importante é quanto à organização das palavras na frase. As terminações de caso permitem que haja uma liberdade na ordem de colocação das palavras na frase, não havendo regra fixa para a organização das palavras. O que va i dar o sentido são as terminações de caso.

Nos quadros a seguir são apresentadas as declinações das bases nominais masculinas e femininas e neutras terminadas com vogais.

Observe que houve alterações ou substituições nas terminações de caso padrão.

2 - Declinação de nomes masculinos terminados em "a", "i", "u", "ṛ"

Nome masculino terminado em "a"

Gaja गज (m) elefante

Casos	Ekavacanam	Dvivacanam	Bahuvacanam
1º	गजः **gajaḥ** gaja + s = gajas > gajaḥ	गजौ **gajau** gaja + au - gajau	गजाः **gajāḥ** gaja + ss = gajās> gajāḥ
Vocat	हे गज **he gaja**	हे गजौ he **gajau**	हे गजाः **he gajāḥ**
2º	गजम् **gajam** gaja + m = gajam	गजौ **gajau**	गजान् **gajān** gaja + ān = gajān

3º	गजेन **gajena** gaja + ina = gajena	गजाभ्याम् **gajābhyām** gaja + bhyām > gaj**ā** + bhyām	गजैः **gajaiḥ** gaja + ais = gajais > gajaiḥ
4º	गजाय **gajāya** gaja + ya > gaj**ā** + ya	गजाभ्याम् **gajābhyām**	गजेभ्यः **gajebhyaḥ** gaja + bhyas > gaj**e** + bhyas
5º	गजात् **gajāt** gaja + āt	गजाभ्याम् **gajābhyām**	गजेभ्यः **gajebhyaḥ**
6º	गजस्य **gajasya** gaja + sya	गजयोः **gajayoḥ** gaja + os > gaj**e + os** > gaj**ayos** > gajayoḥ	गजानाम् **gajānām** gaja + nām > gaj**ā + nām**
7º	गजे **gaje** gaja + i = gaje	गजयोः **gajayoḥ**	गजेषु **gajeṣu** gaja + su > gaje + ṣu

Nome masculino terminado em "i"

Kavi कवि (m) poeta

Casos	Ekavacanam	Dvivacanam	Bahuvacanam
1º	कविः **kaviḥ** kavi + s = kavis > kaviḥ	कवी **kavī** kavi > kavī	कवयः **kavayaḥ** kavi + as > kave+ as = kavayaḥ
Vocat	हे कवे **he kave** kavi > kave	हे कवी **he Kavī**	हे कवयः **he kavayaḥ**
2º	कविम् **kavim** kavi + m	कवी **kavī** kavi > kavī	कवीन् **kavīn** kavi + ïn = kavïn
3º	कविना **kavinā** kavi + nā	कविभ्याम् **kavibhyām** kavi + bhyām	कविभिः **kavibhiḥ** kavi + bhis
4º	कवये **kavaye** kavi + e > kave + e = kavaye	कविभ्याम् **kavibhyām**	कविभ्यः **kavibhyaḥ** kavi + bhyas

5º	कवेः **kaveḥ** kavi + s > kave + s = kaves	कविभ्याम् **kavibhyām**	कविभ्यः **kavibhyaḥ**
6º	कवेः **kaveḥ**	कवयोः **kavyoḥ** Kavi + os = kavyoḥ	कवीनाम् **kavīnām** kavi + nām = kavī + nām = kavīnām
7º	कवौ **kavau** kavi + au > kav + au	कवयोः **kavyoḥ**	कविषु **kaviṣu** kavi + ṣu

Nome masculino terminado em "u"

गुरु **Guru** (m) mestre

Casos	Ekavacanam	Dvivacanam	Bahuvacanam
1º	गुरुः **guruḥ** guru + s	गुरू **gurū** guru > gurū	गुरवः **guravaḥ** guru >guro+a

Vocat	हे गुरो **he guro** guru > guro	हे गुरू **he gurū**	हे गुरवः **he guravaḥ**
2º	गुरुम् **Gurum** guru + m	गुरू **gurū**	गुरून् **gurūn** guru +ūn
3º	गुरुणा **guruṇā*** guru + nā	गुरुभ्याम् **gurubhyām** guru + bhyām	गुरुभिः **gurubhiḥ** guru + bhis
4º	गुरवे **gurave** guru > guro + e = gurave	गुरुभ्याम् **gurubhyām**	गुरुभ्यः **gurubhyaḥ** guru + bhyas
5º	गुरोः **guroḥ** guru > guro + s	गुरुभ्याम् **gurubhyām**	गुरुभ्यः **gurubhyaḥ**
6º	गुरोः **guroḥ**	गुर्वोः **gurvoḥ** guru > guro + os = gurvoḥ	गुरुणाम् **gurūṇām*** guru + nām > gurūṇām

7º	गुरौ **gurau** guru + au > gur + au	गुर्वोः **gurvoḥ**	गुरुषु **guruṣu** guru + ṣu

***Obs.:** Quando o **n**, **imediatamente seguido de vogal**, ou de **n**, **m**, **y ou v**, estiver precedido (imediatamente ou a qualquer distância), de **ṣ**, **r** ou **ṛ**, é substituído por **ṇ**. A substituição referida acima, não ocorrerá se entre o **ṣ**, **r** ou **ṛ** e o **n**, houver alguma palatal (c, ch, j, jh, ñ, ś, exceto y), linguopalatal (ṭ, ṭh, ḍ, ḍh, ṇ), ou linguodental (t, th, d, dh, l, s)

Nomes masculinos terminados em ṛ

Há dois tipos de nomes masculinos terminados em r:

- **agentes da ação**, como por exemplo:

kartṛ (aquele que faz), **dātṛ** (o doador), **netṛ** (o guia)

- **indicativas de parentesco** : **pitṛ** (pai), **bhrātṛ** (irmão), etc.

Nome masculino terminado em "ṛ"(agente da ação)

दातृ **dātṛ** (m) doador

Casos	Ekavacanam	Dvivacanam	Bahuvacanam
1º	दाता **dātā**	दातारौ **dātārau**	दातारः **Dātārah**
Vocat	हे दातः **he dātaḥ**	हे दातारौ **he dātārau**	हे दातारः **he dātāraḥ**
2º	दातारम् **dātāram**	दातारौ **dātārau**	दातॄन् **dātṝn**
3º	दात्रा **dātrā**	दातृभ्याम् **dātṛbhyām**	दातृभिः **dātṛbhiḥ**
4º	दात्रे **dātre**	दातृभ्याम् **dātṛbhyām**	दातृभ्यः **dātṛbhyaḥ**
5º	दातुः **dātuḥ**	दातृभ्याम् **dātṛbhyām**	दातृभ्यः **dātṛbhyaḥ**

6º	दातुः **dātuḥ**	दात्रोः **dātroḥ**	दातॄणाम् **dātṝṇām***
7º	दातरि **dātari**	दात्रोः **dātroḥ**	दातृषु **dātṛṣu**

***Obs**.: aplicação da regra do "n".

Outros exemplos de nomes de agentes da ação:

kartṛ (m) aquele que faz, o agente da ação

śāstṛ (m) aquele que governa, governador

rakṣtṛ (m) aquele que protege, protetor

dhātṛ (m) criador

netṛ (m) guia, lider

yātṛ (m) aquele que caminha

vaktṛ (m) orador

Nome masculino terminado em "ṛ"(parentesco)

पितृ **Pitṛ** (m) pai

Casos	Ekavacanam	Dvivacanam	Bahuvacanam
1º	पिता **pitā** pitṛ > pitā	पितरौ **pitarau** pitṛ > pitar + au	पितरः **pitaraḥ** pitṛ > pitar + as
Vocat	हे पितः **he pitaḥ**	हे पितरौ **he pitarau**	हे पितरः **he pitaraḥ**
2º	पितरम् **pitaram** pitṛ > pitar + am	पितरौ **pitarau**	पितॄन् **pitṝn** pitṛ + ṝn

3º	पित्रा **pitrā**	पितृभ्याम् **pitṛbhyām**	पितृभिः **pitṛbhiḥ**
4º	पित्रे **pitre**	पितृभ्याम् **pitṛbhyām**	पितृभ्यः **pitṛbhyaḥ**
5º	पितुः **pituḥ**	पितृभ्याम् **pitṛbhyām**	पितृभ्यः **pitṛbhyaḥ**
6º	पितुः **pituḥ**	पित्रोः **pitroḥ**	पितृणाम् **pitṝṇām***
7º	पितरि **pitari**	पित्रोः **pitroḥ**	पितृषु **pitṛṣu**

***Obs** aplicação da regra do "**n**" explicada acima.

Outros exemplos de parentesco :

bhrātṛ (m) irmão

jāmātṛ (m) genro

devṛ (m) cunhado (irmão do marido)

bhartṛ (m) maridos

3 - Declinação de nomes femininos terminadas em "ā", "i", ī, "u", ū e "ṛ"

Nomes femininos terminados em "ā"

लता **latā** (f) trepadeira

Casos	Ekavacanam	Dvivacanam	Bahuvacanam
1º	लता **latā***	लते **late** latā+ī	लताः **latāḥ** latā+as
Vocat	हे लते **he late**	हे लते **he late**	हे लताः **he latāḥ**
2º	लताम् **latām** latā + ām	लते **late**	लताः **latāḥ**
3º	लतया **latayā** latā + ā > late + ā = latayā	लताभ्याम् **latābhyām** latā + bhyām	लताभिः **latābhiḥ** latā + bhis

4º	लतायै **latāyai** latā + e > latā + yā + e	लताभ्याम् **latābhyām**	लताभ्यः **latābhyaḥ** latā + bhyas
5º	लतायाः **latāyāḥ** latā + ya + ās	लताभ्याम् **latābhyām**	लताभ्यः **latābhyah**
6º	लतायाः **latāyāḥ**	लतयोः **latayoḥ** latā + os > late + os = latayoḥ	लतानाम् **latānām** latā + nām
7º	लतायाम् **latāyām** latā + ām > latā+ yā + ām	लतायोः **latayoḥ**	लतासु **latāsu** latā + su

Nomes femininos terminados em "i "

भूमि (f) terra

Casos	Ekavacanam	Dvivacanam	Bahuvacanam
1º	भूमिः **bhūmiḥ**	भूमी **bhūmī**	भूमयः **bhūmayaḥ**
Vocat	हे भूमे **he bhūme**	हे भूमी **he bhūmī**	हे भूमयः **he bhūmayaḥ**
2º	भूमिम् **bhūmim**	भूमी **bhūmī**	भूमीः **bhūmīḥ**
3º	भूम्या **bhūmyā**	भूमिभ्याम् **bhūmibhyām**	भूमिभिः **bhūmibhīḥ**
4º	भूम्यै **bhūmiyai** ou भूमये **bhūmaye**	भूमिभ्याम् **bhūmibhyām**	भूमीभ्यः **bhūmibhyaḥ**

5º	भूम्याः **bhūmyāḥ** ou भूमेः **bhūmeḥ**	भूमिभ्याम् **bhūmibhyām**	भूमीभ्यः **bhūmibhyaḥ**
6º	भूम्याः **bhūmyāḥ** ou भूमेः **bhūmeḥ**	भूम्योः **bhūmyoḥ**	भूमीनाम् **bhūmīnām**
7º	भूम्याम् **Bhūmyā** ou भूमौ **bhūmau**	भूम्योः **bhūmyoḥ**	भूमिषु **bhūmiṣu**

Nomes femininos terminados em "ī "

नदी **nadī** (f) rio

Casos	Ekavacanam	Dvivacanam	Bahuvacanam
1º	नदी **nadī**	नद्यौ **nadyau**	नद्यः **nadyaḥ**
Vocat	हे नदि **he nadi**	हे नद्यौ **he nadyau**	हे नद्यः **he nadyaḥ**
2º	नदीम् **nadīm**	नद्यौ **nadyau**	नदीः **nadīḥ**
3º	नद्या **nadyā**	नदीभ्याम् **nadībhyām**	नदीभिः **nadībhiḥ**
4º	नद्यै **nadyai**	नदीभ्याम् **nadībhyām**	नदीभ्यः **nadībhyaḥ**
5º	नद्याः **nadyāḥ**	नदीभ्याम् **nadībhyām**	नदीभ्यः **nadībhyaḥ**
6º	नद्याः **nadyāḥ**	नद्योः **nadyoḥ**	नदीनाम् **nadīnām**
7º	नद्याम् **nadyām**	नद्योः **nadyoḥ**	नदीषु **nadīṣu**

Nomes femininos terminados em "u "

रज्जु **rajju** (f) corda

Casos	Ekavacanam	Dvivacanam	Bahuvacanam
1º	रज्जुः **rajjuḥ**	रज्जू **rajjū**	रज्जवः **rajjavaḥ**
Vocat	हे रज्जो **he rajjo**	हे रज्जू **he rajjū**	हे रज्जवः **he rajjavaḥ**
2º	रज्जुम् **rajjum**	रज्जू **rajjū**	रज्जूः **rajjūḥ**
3º	रज्ज्वा **rajjvā**	रज्जुभ्याम् **rajjubhyām**	रज्जुभिः **rajjubhiḥ**
4º	रज्ज्वौ **rajjvau** ou रज्जवे **rajjave**	रज्जुभ्याम् **rajjuḥbhyām**	रज्जुभ्यः **rajjubhyaḥ**
5º	रज्ज्वाः **rajjvāḥ** ou रज्जोः **rajjoḥ**	रज्जुभ्याम् **rajjubhyām**	रज्जुभ्यः **rajjubhyaḥ**

6º	रज्ज्वाः **rajjvāḥ** ou रज्जोः **rajjoḥ**	रज्ज्वोः **rajjvoḥ**	रज्जूणाम् **rajjūnām**
7º	रज्ज्वाम् **rajjvām** ou रज्जौ **rajjau**	रज्ज्वोः **rajjvoḥ**	रज्जुषु **rajjvām**

Nomes femininos terminados em "ū "

वधू **Vadhū** (f) noiva

Casos	Ekavacanam	Dvivacanam	Bahuvacanam
1º	वधूः **vadhūḥ**	वध्वौ **vadhvau**	वध्वः **vadhvaḥ**
Vocat	हे वधु **he vadhu**	हे वध्वौ **he vadhvau**	हे वध्वः **he vadhvaḥ**
2º	वधूम् **vadhūm**	वध्वौ **vadhvau**	वधूः **vadhūḥ**
3º	वध्वा **vadhvā**	वधूभ्याम् **vadhūbhyām**	वधूभिः **vadhūbhiḥ**
4º	वध्वै **vadhvai**	वधूभ्याम् **vadhūbhyām**	वधूभ्यः **vadhūbhyaḥ**
5º	वध्वाः **vadhvāḥ**	वधूभ्याम् **vadhūbhyām**	वधूभ्यः **vadhūbhyaḥ**
6º	वध्वाः **vadhvāḥ**	वध्वोः **vadhvoḥ**	वधूनाम् **vadhūnām**
7º	वध्वाम् **vadhvām**	वध्वोः **vadhvoḥ**	वधूषु **vadhūṣu**

Nomes femininos terminados em "ṝ "

मातृ **mātṛ** (f) mãe

Casos	Ekavacanam	Dvivacanam	Bahuvacanam
1º	माता **mātā**	मातरौ **mātarau**	मातरः **mātaraḥ**
Vocat	हे मातः **he mātaḥ**	हे मातरौ **he mātarau**	हे मातरः **he mātaraḥ**
2º	मातरम् **mātaram**	मातरौ **mātarau**	मातॄः **mātṝḥ**
3º	मात्रा **mātrā**	मातृभ्याम् **mātṛbhyām**	मातृभिः **mātṛbhiḥ**
4º	मात्रे **mātre**	मातृभ्याम् **mātṛbhyām**	मातृभ्यः **mātṛbhyaḥ**
5º	मातुः **mātuḥ**	मातृभ्याम् **mātṛbhyām**	मातृभ्यः **mātṛbhyaḥ**
6º	मातुः **mātuḥ**	मात्रोः **mātroḥ**	मातॄणाम् **mātṝṇām**
7º	मातरि **mātari**	मात्रोः **mātroḥ**	मातृषु **mātṛṣu**

4 - Nomes neutros terminados em "a", "i" "u", e "ṛ"

Nome neutro terminado em "a"

वन **Vana** (n) floresta

Casos	Ekavacanam	Dvivacanam	Bahuvacanam
1º	वनम् **vanam**	वने **vane**	वनानि **vanāni**
Vocat	हे वन **he vana**	हे वने **he vane**	हे वनानि **he vanāni**
2º	वनम् **vanam**	वने **vane**	वनानि **vanāni**

Obs.: os restante dos casos é igual è declinação dos nomes masculinos terminados em "a".

Nome neutro terminado em " i "

वारि **Vāri** (n) água

Casos	Ekavacanam	Dvivacanam	Bahuvacanam
1º	वारि **vāri**	वारिणी **vāriṇī**	वारीणि **vārīṇi**
Vocat	हे वारे **he vāre** ou हे वारि **he vāri**	हे वारिणी **he vāriṇī**	हे वारीणि **he vārīṇi**
2º	वारि **vāri**	वारिणी **vāriṇī**	वारीणि **vārīṇi**
3º	वारीणा **vāriṇā**	वारिभ्याम् **vāribhyām**	वारिभिः **vāribhiḥ**
4º	वारिणे **vāriṇe**	वारिभ्याम् **vāribhyām**	वारिभ्यः **vāribhyaḥ**
5º	वारिणः **vāriṇaḥ**	वारिभ्याम् **vāribhyām**	वारिभ्यः **vāribhyaḥ**
6º	वारिणः **vāriṇaḥ**	वारिणोः **vāriṇoḥ**	वारीणाम् **vārīṇām**

7º	वारिणि **vāriṇi**	वारिणोः **vāriṇoḥ**	वारिषु **vāriṣu**

Nome neutro terminado em " u "

मधु **madhu** (n) doce

Casos	Ekavacanam	Dvivacanam	Bahuvacanam
1º	मधु **madhu**	मधुनी **madhunī**	मधूनि **madhūni**
Vocat	हे मधो **madho** ou हे मधु **madhu**	हे मधुनी **he madhunī**	हे मधूनि **he madhūni**
2º	मधु **madhu**	मधुनी **madhunī**	मधूनि **madhūni**
3º	मधुना **madhunā**	मधुभ्याम् **madhubhyām**	मधुभिः **madhubhiḥ**
4º	मधुने **madhune** ou मधवे **madhave**	मधुभ्याम् **madhubhyām**	मधुभ्यः **madhubhyaḥ**

5º	मधुनः **madhunaḥ** ou मधोः **madhoḥ**	मधुभ्याम् **madhubhyām**	मधुभ्यः **madhubhyaḥ**
6º	मधुनः **madhunaḥ** ou मधोः **madhoḥ**	मधुनोः **madhunoḥ**	मधूनाम् **madhūnām**
7º	मधुनि **madhuni** ou मधौ **madhau**	मधुनोः **madhunoḥ**	मधुषु **madhuṣu**

Nome neutro terminado em " ṛ "

दातृ **dātṛ** (n) doador

Casos	Ekavacanam	Dvivacanam	Bahuvacanam
1º	दातृ **dātṛ**	दातृणी **dātṛṇī**	दातॄणि **dātṝṇi**
Vocat	हे दातः **he dātaḥ** ou हे दातृ **he dātṛ**	हे दातृणी **he dātṛṇī**	हे दातॄणि **he dātṝṇi**
2º	दातृ **dātṛ**	दातृणी **dātṛṇī**	दातॄणि **dātṝṇi**
3º	दातृण **dātṛṇa** ou दात्रा **dātṛā**	दातृभ्याम् **dātṛbhyām**	दातृभिः **dātṛbhiḥ**

4º	दातृणे **dātṛṇe** ou दात्रे **dātṛe**	दातृभ्याम् **dātṛbhyām**	दातृभ्यः **dātṛbhyaḥ**
5º	दातृणः **dātṛṇaḥ** ou दातुः **dātuḥ**	दातृभ्याम् **dātṛbhyām**	दातृभ्यः **dātṛbhyaḥ**
6º	दातृणः **dātṛṇaḥ** ou दातुः **dātuḥ**	दातृणोः **dātṛṇoḥ** ou दात्रोः **dātṛoḥ**	दातॄणाम् **dātṝṇām**
7º	दतृणि **dātṛṇi** ou दातरि **dātari**	दातृणोः **dātṛṇoḥ** ou दात्रोः **dātṛoḥ**	दातृषु **dātṛṣu**

Alguns sūras do Yoga Sūtra de Patañjali

योगश्चित्तवृत्तिनिरोधः।

YogaścittavṛttinirodhaḥYS 1,2

"Yoga é a dissolução da agitação mental".

यमनियमासनप्राणायामप्रत्यहारधारणाध्यानसमध
योऽष्टाङ्गानि।

Yamaniyamāsanaprāṇāyāmapratyahāradhāraṇādh
yānasamādhayo'ṣṭāṅgā-ni. YS 2.29

" O sādhana do Yoga é o Aṣṭāṅgayoga: Yama, Niyama,
Āsana, Prāṇāyāma,
Pratyahāra, Dhāraṇa, Dhyḥna, Samādhi."

अहिंसासत्यास्तेयब्रह्मचर्यापरिग्रहा यमाः।

Ahimsāsatyāsteyabrahmacaryāparigrahā yamāḥ.

YS 2.30

. "Os Yamas são: ahimsā, satya, asteya, brahmacarya, aparigraha."

एते जाति देशकालसमयानिर्वच्छिन्नः सर्वाभौमी महाव्रतम्।

Ete jāti deśakālasamayānirvacchinnaḥ sarvābhaumī mahāvratam.

(**YS 2.31**) "Este é o grande compromisso em relação atodos os seres do Universo, independente de nascimento, lugar ou tempo"

शौचसन्तोषतपः स्वाध्यायेश्वरप्रणिधानानि नियमाः।

Śaucasantoṣatapaḥ svādhyāyeśvarapraṇidhānāni niyamāḥ । (YS.II.32)

"Os Niyamas são: śauca, santoṣa, tapas, svādhyāya, Īśvarapraṇidhāna."

वितर्कबदने प्रतिपक्षभावनम्।

Vitarkabadane pratipakṣabhāvanam. **(YS II.33)**

"Trazer o pensamento oposto sempre que uma ideia negativa ou em oposição aos yamas e Niyamas,surgir na mente e irá se transformar num obstáculo".

Parte V

1. Pronomes
2. Advérbios

1 - Pronomes (Sarvanāma)

Os pronomes são chamados Sarvanāma (aquilo que vem no lugar de todos os nomes). Eles concordam em gênero número, grau e caso com o nome que substituem.

São classificados em seis grupos:

1- Pessoal
asmad (eu), yuṣmad (tu, você), bhavat (senhor, sua excelência), sva (si mesmo, si próprio)

2- Relativo
Yad (que, o qual)

3- Interrogativo
kim (o que?, quem?)

4- Demonstrativo sarva (tudo, todos), viśva (tudo), anya (algum) anyantara (um dos dois, um e outro, cada um), itara (outro) tvat e tva (de ti, de tua parte), nema (meio, metade), sama (mesmo, parecido), sima (tudo), tad (este, aquele), etad (este, isto), aadas (este, aquele), idam (este, isto)

* **Observações:**

* tad (este, aquele) – é usado quando a pessoa ou coisa está ausente

*idam (este, isto) – é usado quando apessoa ou coisa está proxima

* etad (este, isto) – é usado quando apessoa ou coisa está proxima

*adas (este, aquele) – é usado quando a pessoa ou coisa está distante

5- Numeral

eka *(um), dvi (dois), ubha (ambos), ubhaya (ambos)

Observação

* **eka** (um) é empregado também como:

- alpa (pouco, pequeno)
- pradhāna (o chefe, o mais importante)
- prathama (primeiro)
- kevala (só, único)
- sādhāraṇa (comum a)
- samāna (o mesmo)

6- Direcional

Pūrva (anterior, oriente), para (longe), avara (ocidente), dakṣiṇa (sul), uttara (norte), apara (outro, o que está depois), adhara (inferior), antara (interior)

A seguir vamos apresentar alguns pronomes e suas declinações.

Pronomes Pessoais

Obs.: Não existe o caso Vocativo para os Pronomes.

Pronome eu अस्मद् **asmad**

Casos	Ekavacanam	Dvivacanam	Bahuvacanam
1º	अहम् **aham** eu	आवाम् **āvām** nós dois	वयम् **vayam** nós todos
2º	माम् **mām** ou मा **mā** me	आवाम् **āvām** ou नौ **nau** nós dois	अस्मान् **asmān** ou नः **naḥ** nos
3º	मया **mayā** comigo, por mim	आवाभ्याम् **āvābhyām** conosco, por nós dois	अस्माभिः **asmābhiḥ** conosco, por nós todos

4º	मह्यम् **mahyam** ou मे **me** para mim	आवाभ्याम् āvābhyām नौ **nau** para nós dois	अस्मभ्यम् asmabhyam नः **naḥ** para nós todos
5º	मत् **mat** de mim = vindo de mim	आवाभ्याम् **āvābhyām** de nós dois	अस्मत् **asmat** de nós todos
6º	मम **mama** ou मे **me** de mim = meu	आवयोः **āvayoh** ou नौ **nau** de nós dois = nosso	अस्माकम् **asmākam** ou नः **naḥ** de nós todos = nosso
7º	मयि **mayi** em mim	आवयोः **āvayoh** em nós dois	अस्मासु **asmāsu** em nós todos

Pronome tu, você युष्मद् yuṣmad

Casos	Ekavacanam	Dvivacanam	Bahuvacanam
1º	त्वम् **tvam** tu, você	युवाम् **yuvām** vocês dois	यूयम् **yūyam** vocês todos
2º	त्वाम् **tvām** ou त्वा **tvā** te	युवाम् **yuvām** ou वाम् **vām** vocês dois	युष्मान् **yuṣmān** ou वः **vaḥ** vocês todos
3º	त्वया **tvayā** por ti, por você, contigo	युवाभ्याम् **yuvābhyām** por vocês dois, com vocês dois	युष्माभिः **yuṣmābhiḥ** por vocês todos com vocês todos
4º	तुभ्यम् **tubhyam** ou ते **te** para ti, para você	युवाभ्याम् **yuvābhyām** ou वाम् **vām** para vocês dois	युष्मभ्यम् **yuṣmabhyam** ou वः **vaḥ** para vocês todos

5º	त्वत् **tvat** de você = vindo de você	युवाभ्याम् **yuvābhyām** de vocês dois	युष्मात् **yuṣmat** de vocês todos
6º	तव **tava** ou ते **te** de você = teu	युवयोः **yuvayoḥ** वाम् **vām** de vocês dois = vosso	युष्माकम् yuṣmākam ou वः **vaḥ** de vocês todos = vosso
7º	त्वयि **tvayi** em ti, em você	युवयोः **yuvayoḥ** em vocês dois	युष्मासु **yuṣmāsu** em vocês todos

Obs : O pronome **Tad** (ele, este) é declinado nos três gêneros.

Pronome tad तद् (m) ele, aquele

Casos	Ekavacanam	Dvivacanam	Bahuvacanam
1º	सः **saḥ** ele, aquele	तौ **tau** eles dois, aqueles dois	ते **te** eles todos, aqueles todos
2º	तम् **tam** o	तौ **tau** os	तान् **tān** os
3º	तेन **tena** com ele, com aquele	ताभ्याम् **tābhyām** com eles dois, com aqueles dois	तैः **taiḥ** com eles todos, com aqueles todos
4º	तस्मै **tasmai** para ele, para aquele	ताभ्याम् **tābhyām** para eles dois, para aqueles dois	तेभ्यः **tebhyaḥ** para eles todos, para aqueles todos
5º	तस्मात् **tasmāt** dele = vindo dele; daquele	ताभ्याम् **tābhyām** deles dois, daqueles dois	तेभ्यः **tebhyah** deles todos, daqueles todos

6º	तस्य **tasya** dele = pertecendo a ele; daquele	तयोः **tayoḥ** deles dois, daqueles dois	तेषाम् **teṣām** deles todos, daqueles todos
7º	तस्मिन् **tasmin** nele, naquele	पयोः **tayoḥ** neles dois, naqueles dois	तेषु **teṣu** neles todos, naqueles todos

Pronome tad तद् (f) ela, aquela

Casos	Ekavacanam	Dvivacanam	Bahuvacanam
1º	सा **sā**	ते **te**	ताः **tāḥ**
2º	ताम् **tām**	ते **te**	ताः **tāḥ**
3º	तया **tayā**	ताभ्याम् **tābhyām**	ताभिः **tābhiḥ**
4º	तस्यै **tasyai**	ताभ्याम् **tābhyām**	ताभ्यः **tābhyaḥ**
5º	तस्याः **tasyāḥ**	ताभ्याम् **tābhyām**	ताभ्यः **tābhyah**
6º	तस्याः **tasyāḥ**	तयोः **tayoḥ**	तासाम् **tāsām**
7º	तस्याम् **tasyām**	तयोः **tayoḥ**	तासु **tāsu**

Exemplos:

सोऽहम् > सः अहम्

So' ham > Saḥ aham

Eu sou Ele

स एवयम् मया तेऽद्य योगः प्रोक्तःपुरातनः।
Sa evāyam mayā te'dya yogaḥ purātanaḥ.... (BG, c.IV-v.3)

(Saḥ eva ayam mayā te adya yogaḥ proktaḥ purātanaḥ) Aquele Yoga (Saḥ yogaḥ) do passado (purātanaḥ) é exatamente (eva) este (ayam) ensinado (proktaḥ) por mim (mayā) a você (te) hoje (adya).

Pronome Tad तद् (n) isto, aquilo

Casos	Ekavacanam	Dvivacanam	Bahuvacanam
1º	तत् **tat**	ते **te**	तानि **tāni**
2º	तत् **tat**	ते **te**	तानि **tāni**

Obs.: Os outros casos são declinados como o gênero masculino.

Mais exemplos:

तस्माद्युध्यस्व भारत।
Tasmādyudhyasva Bhārata!...

तस्मात् युध्यस्व भारत।

Por isso (Tasmāt) lute (yudhyasva) Bhārata (Arjuna)!... BHG, c.II, 18

तस्मै श्री गुरवे नमः।

Tasmai Śrī Gurave Namah!

Saudações (Namaḥ) para Aquele (Tasmai) Glorioso Mestre (Śrī Gurave)!

(Śrī Guru Stotram, Hino ao Guru)

तस्य प्रज्ञा प्रतिष्ठिता।

Tasya prajñā pratiṣṭhitā.

.... o conhecimento (prajñā) dele (tasya) é firme (pratiṣṭhitā.). BHG, cII, 57

नायका मम सैन्यस्य।

Nāyakā mama sainyasya.....

Líderes (Nāyakāḥ) do meu (mama) exército. (sainyasya)..... (BHG, c I, 7)

Pronome Interrogativo kim

Em sânscrito não existe ponto de interrogação. A frase interrogativa é indicada pelo pronome **kim**, declinado nos três gêneros.

Pronome kim किम् (m) o que? quem?

Casos	Ekavacanam	Dvivacanam	Bahuvacanam
1º	कः **kaḥ**	कौ **kau**	के **ke**
2º	कम् **kam**	कौ **kau**	कान् **kān**
3º	केन **kena**	काभ्याम् **kābhyām**	कैः **kaiḥ**
4º	कस्मै **kasmai**	काभ्याम् **kābhyām**	केभ्यः **kebhyaḥ**
5º	कस्मात् **kasmāt**	काभ्याम् **kābhyām**	केभ्यः **kebhyaḥ**
6º	कस्य **kasya**	कयोः **kayoḥ**	केषाम् **keṣām**
7º	कस्मिन् **kasmin**	कयोः **kayoḥ**	केषु **keṣu**

Pronome किम् Kim (f) o que? quem?

Casos	Ekavacanam	Dvivacanam	Bahuvacanam
1º	का **kā**	के **ke**	काः **kāḥ**
2º	काम् **kām**	के **ke**	काः **kāḥ**
3º	कया **kayā**	काभ्याम् **kābhyām**	काभिः **kābhiḥ**
4º	कस्यै **kasyai**	काभ्याम् **kābhyām**	काभ्यः **kābhyaḥ**
5º	कस्याः **kasyāḥ**	काभ्याम् **kābhyām**	काभ्यः **kābhyaḥ**
6º	कस्याः **kasyāḥ**	कयोः **kayoḥ**	कासाम् **kāsām**
7º	कस्याम् **kasyām**	कयोः **kayoḥ**	कासु **kāsu**

Pronome किम् kim (n) o que? quem?

Casos	Ekavacanam	Dvivacanam	Bahuvacanam
1º	किम् **kim**	के **ke**	कानि **kāni**
2º	किम् **kim**	के **ke**	कानि **kāni**

Obs.: Os outros casos são declinados como o gênero masculino

Exemplos de frases interrogativas:

(Do texto Tattvabodha, de Śrī Śankarācārya)

विरागः कः ।

Virāgaḥ kaḥ. O que é virāga?

O que é (kaḥ, masc, 1º caso sing) desapego (virāgaḥ, masc, 1º caso)

समधानं किम् ।

Samādhānam kim. O que é samādhāna?

O que é (kim, neutro, 1º caso sing) estado de alerta da mente (samādhānam, neutro, 1º caso sing)

सुषुप्त्यवस्था का।

Suṣuptyavasthā kā. O que é suṣuptyavasthā?

Suṣupti avasthā (fem. 1º caso sing, estado de sono profundo)

Kā (kim, fem, 1º caso sing)

Pronome सर्व Sarva (tudo, todo)

Casos	Ekavacanam	Dvivacanam	Bahuvacanam
1º	सर्वः **sarvaḥ**	सर्वौ **sarvau**	सर्वे **sarve**
Vocat	हे सर्व **he sarva**	हे सर्वौ **he sarvau**	हे सर्वे **he sarve**
2º	सर्वम् **sarvam**	सर्वौ **sarvau**	सर्वान् **sarvān**
3º	सर्वेण **sarveṇa**	सर्वाभ्याम् **sarvābhyām**	सर्वैः **sarvaiḥ**
4º	सर्वस्मै **sarvasmai**	सर्वाभ्याम् **sarvābhyām**	सर्वेभ्यः **sarvebhyaḥ**
5º	सर्वस्मात् **savarmāt**	सर्वाभ्याम् **sarvābhyām**	सर्वेभ्यः **sarvebhyaḥ**
6º	सर्वस्य **sarvasya**	सर्वयोः **sarvayoh**	सर्वेषाम् **sarveṣām**
7º	सर्वस्मिन् **sarvasmin**	सर्वयोः **sarvayoh**	सर्वेषु **sarveṣu**

सर्वा **Sarvā** (f) toda

Casos	Ekavacanam	Dvivacanam	Bahuvacanam
1º	सर्वा **sarvā**	सर्वे **sarve**	सर्वाः **sarvāḥ**
Vocat	हे सर्वे **he sarve**	हे सर्वे **he sarve**	हे सर्वाः **he sarvāḥ**
2º	सर्वाम् **sarvām**	सर्वे **sarve**	सर्वाः **sarvāḥ**
3º	सर्वया **sarvayā**	सर्वाभ्याम् **sarvābhyām**	सर्वभिः **sarvābhiḥ**
4º	सर्वस्यै **sarvasyai**	सर्वाभ्याम् **sarvābhyām**	सर्वाभ्यः **sarvābhyaḥ**
5º	सर्वस्याः **sarvasyāḥ**	सर्वाभ्याम् **sarvābhyām**	सर्वाभ्यः **sarvābhyaḥ**
6º	सर्वस्याः **sarvasyāḥ**	सर्वयोः **sarvayoḥ**	सर्वासाम् **sarvāsām**
7º	सर्वस्याम् **sarvasyām**	सर्वयोः **sarvayoḥ**	सर्वासु **sarvāsu**

सर्व **sarva** (n) tudo

Casos	Ekavacanam	Dvivacanam	Bahuvacanam
1º	सर्वम् **sarvam**	सर्वे **sarve**	सर्वाणि **sarvāṇi**
Vocat	सर्वम् **sarvam**	हे सर्वे **he sarve**	हे सर्वाणि **he sarvāṇi**
2º	सर्वम् **sarvam**	सर्वे **sarve**	सर्वाणि **sarvāṇi**

Obs.: Os outros casos são declinados como o gênero masculino.

Exemplos:

सर्वेषाम् शान्तिर्भवतु ।

Sarveṣām śāntirbhavatu!

(Que exista a felicidade de todos (para todos)!

सर्वे भवन्तु सुखिनः।

Sarve bhavantu sukhinaḥ!

(Que todos sejam felizes)

2 - Advérbios

	Interrogativo	Conjuntivo	Simples	Indefinido
TEMPO	कदा **kadā** quando?	यदा **yadā** quando, toda vez यवत् **yāvat** enquanto	तदा **tadā** ...então तवत् **tavat** ...então	कदाचित् **kadācit** uma certa vez सर्वदा **sarvadā** sempre एकदा **ekadā** uma certa vez
LUGAR	कुत **kuta** onde?	यत्र **yatra** onde	अत्र **atra** aqui तत्र **tatra** lá	सर्वत्र **sarvatra** em todo lugar
MODO	कथम् **katham** como?	यथा **yathā** assim como	तथा **tathā** ...assim também	

CAUSA	किमर्थम् **kimartham?** porque?			
CONDIÇÃO		यदि **yadi** se...	तर्हि **tarhi** ...então	
CONCESSÃO		यद्यपि **yadyapi** embora...	तथापि **tathāpi** ainda assim	

Exemplos de emprego dos adverbios:

यद्यपि वने वसामि तथापि मित्राणि स्मरामि।

Yadyapi vane vasāmi tathāpi mitrāṇi smarāmi

Embora (Yadyapi) eu viva (vasāmi) na floresta (vane), ainda assim (tathāpi) eu lembro (smarāmi) os amigos (mitrāṇi).

यथा पुष्पाणि वृक्षम् तथा गुणाः हृदयम् भूषयन्ति।

Yathā puṣpāṇi vṛkṣam tathā guṇāḥ hṛdayam bhūṣayanti.

Assim como (yathā) as flores (puṣpāṇi) ornamentam (bhūṣayanti) a árvore (vṛkṣam), assim também (tathā) as virtudes (guṇāḥ) ornamentam (bhūṣayanti) o coração (hṛdayam)

यदा यदा हि धर्मस्यग्लनिर्भवति भारत
अभ्युथानमधर्मस्य तदा तदा आत्मानं सृजाम्यहम्।

Yadā yadā hi dharmasya glānirbhavati Bhārata Abhyuthānamadharmasya, tadā tadā Ātmānam sṛjāmyaham. (BHG IV, 7)

Pois sempre que existe o declínio do dharma existe ó Bhārata e existe a elevação do adharma então sempre eu crio a Mim mesmo.

Alguns ensinamentos dos textos clássicos do HaṭhaYoga

HaṭhaYoga Pradīpika

(Svātmarama)

अथ आसनम्
हठस्य प्रथमाङ्गत्वादासनं पूर्वमुच्यते
कुर्यात्तदासनं स्थैर्यमारोग्यं चाङ्गलाघवम्॥

Atha āsanam

Haṭhasya prathamāṅgatvādāsanam pūrvamucyate

Kuryāttadāsanam sthairyamārogyam

cāṅgalāghavam (I.17)

"Agora (vamos falar sobre) āsana

Inicialmente o āsana é considerado a primeria parte do haṭhayoga.
Devido à prática de āsana alcança-se estabilidade do corpo e da mente, ausência de doença e flexibilidade dos membros."

चले वाते चलं चित्तं निश्चले नाश्चलं भवेत्।
योगी स्थाणुत्वमाप्नोति ततोवायुं निरोधयेत्॥

Cale vāte calam cittam niścale viścalam bhavet.
Yogī sthāṇutvamāpnoti tato vāyum nirodhayet.
(II.2)

"Quando o ar (o prāṇa) se move (se agita) a mente se move (se agita). Sem movimento do ar (respiração calma) não há movimento da mente(não há agitação da mente). Portanto se o Yogī controla o ar (prāṇa), ele alcança a estabilidade da mente."

Geranda Samhita Introdução

(do sábio Geraṇḍa)

अथ सप्तसाधनम्

शोधकनं ड्ढता चैव स्थैर्यं धैर्य्यञ्चलघवम्।

प्रत्यकष निर्लिप्तञ्चच घटस्य

सप्तसाधनम्॥९॥

Atha saptasādhanam

Śodhanam dṛḍhatā caiva sthairyyam

dhairyyañca lāghavam

Pratyakṣañca nirliptañca ghaṭasya

saptasādhanam (9)

Agora os sete exercícios

Os sete exercícios para o corpo são: purifcação (kriyā), força, firmeza, tranqüilidade, agilidade, percepção correta e isolamento.

प्राणायामाल्लघवञ्च ध्यानात्प्रत्यक्षणात्मनि ।

समाधिना नार्लिप्तञ्च मुक्तिरेव नसन्शय़॥

Prāṇāyāmāllāghavañca

dhyānātpratyakṣamātmani

Samādhinā nirliptañca muktireva na samśayaḥ

(11)

Devido ao prāṇāyāma vem clareza da mente; devido à dhyāna vem a percepção do Ātman; devido ao samādhi vem a experiência da liberação. Quanto a isso não há dúvida

Glossário de termos do vocabulário de Yoga e Vedānta

अधिकार

Adhikāra (m)
qualificação para alguma coisa

अधिकारिन्

Adhikārin (m)
pessoa qualificada

आत्मन्

Ātman (m)
o Absoluto Brahman, o EU, em cada indivíduo, Eterno, Imutável

आनन्द

Ānanda (m)
Plenitude

अन्न

Anna (n)
alimento

अन्तःकारण
Antaḥkāraṇa
instrumento(kāraṇa)
interno (antaḥ)
a mente

मनस्
manas
mente

बुद्धि
buddhi
intelecto

चित्त
citta
memória

अहङ्कार
ahaṅkāra
ego

अवस्था त्रयम्
avasthātrayam três (trayam)
estados de consciência (avasthā)

जाग्रत्
jāgrat
estado acordado

स्वप्न
svapna
sonho

सुषुप्ति
suṣupti
sono profundo

ब्रह्मन्
Brahman (n)
o Absoluto (Verdadeira Natureza de toda a Criação; Sat-Existência, Cit- Consciência e Ānanda -Plenitude)

ब्रह्मा
Brahmā (m)
aspecto criador do Absoluto (Brahman)

भाजन
Bhājana (n)
partilhar, reverenciar
cânticos devocionais

भक्तियोग
Bhakti Yoga
Bhakti = devoção
Yoga da devoção

बोद्ध
Boddha (m)
Conhecimento

बुद्धि
Buddhi (f)
Intelecto

चक्षुस्
cakṣus (n) *pronuncia-se tchakchu*
olho

चक्र
Cakra (nome neutro)
roda
centro de energia

Os sete centros de energia :

सहस्रार
Sahasrāra
sahasra = mil
ara = raios ou pétalas

आज्ञा
Ājñā
ā+jñā = aquele que conhece completamente
comando

विशुद्ध
Viśuddha
vi + śuddha
perfeitamente purificado

अनाहत
Anāhata
an + āhata
oposto de som bruto, som místico

मणिपुर
Maṇipura
maṇi = jóia
pura = cidade
jóia da cidade

स्वाधिष्ठान
Svādhiṣṭhāna
sva = em si mesmo
adhiṣṭhāna = bem estabelecido
bem estabelecido em si mesmo

मूलाधार
Mūlādhāra
mūla = raiz
adhāra = suporte

चन्दन
Candana (n) *pronuncia-se tchandâna*
Sândalo

चित्
Cit (f) *pronuncia-se tchit*
Consciência

दम
Dama (m)
controle dos órgãos externos

देह
Deha (m, n)
corpo (aquilo que deve ser ungido)

देश

Deśa (m) *pronuncia-se dêcha*
local, região; país

धर्म

Dharma (m)
aquilo que sustenta alguma coisa
o que faz alguma coisa ser o que ela é; o meu papel neste mundo; adharma - ausência de dharma

धूप

Dhūpa (m)
Incenso

द्वन्द्व

Dvandva (n) *pronuncia-se duândua*
par; dualidade

गिरि

Giiri (m) *pronuncia-se guíri*
Montanha

गुण

Guṇa (nome masculino)
Siqualidade

Como as três qualidades da matéria, citadas abaixo:

सत्त्व

sattva *pronuncia-se sátua*
clareza, equilíbrio, tranquilidade

रजस्

rajas
movimento, paixão

तमस्

tamas
inércia, dificuldade de raciocínio

हत

Hata (m)
da raiz han = destruir
hata = destruído, acabado

हठयोग

Haṭhayoga (m):
haṭha = grande esforço; força
sistema de posturas de yoga

इन्द्रिय

Indriya (n) *pronuncia-se indríya*
órgão, capacidade

ईश्वर

Īśvara (m) *pronuncia-se Íchuara*
(Brahman + Māyā) causa material e eficiente da Criação; a Ordem Cósmica

जिह्वा

Jihvā (f)
língua

ज्ञान
Jñāna (n) *pronuncia-se nhâna*
conhecimento
Ajñāna - ausência de conhecimento, ignorância

ज्ञानयोग
Jñāna Yoga
Jñāna = conhecimento
Yoga do conhecimento

ज्ञानिन्
Jñānin (m)
aquele que tem o conhecimento

काय
Kāya (m)
corpo (aquilo que é feito de matéria)

कर्म
Karma (n)
ação
o nome karma vem da raiz **kṛ**=fazer; refere-se também ao fruto da ação (karmaphala)

प्रारब्ध कर्म
prārabdha karma
o que estamos vivendo nesta vida

आगामि कर्म
āgāmi karma
o que está sendo produzido para o futuro

सञ्चित कर्म

sañcita karma
sementes armazenadas para futuros nascimentos

कर्मयोग

Karma Yoga
Karma = ação
Yoga da ação

Atitudes de karma Yoga:

ईश्वरकर्मफलदतः

Īśvarārpaṇabuddhiḥ
oferecer suas ações ao Criador (**Īśvara)**

प्रसादबुद्धिः

prasādabuddhiḥ
receber tudo que vier na vida como uma benção

ईश्वरः कर्मफलदतः

Īśvaraḥ karmaphaladataḥ
não fixar nos resultados de suas ações;é o Criador quem dá os resultados

कर्ण

Karṇa (m)
Orelha

कीर्तन

Kīrtana (n)
celebrar, recitar
cânticos devociconais

क्रिया

Kriyā (nome feminino)
ação
ação purificatória

As Kriyās usadas em Dakṣiṇa Tantra:

पादधीरासन

Padadhīrāsana
pada = base
dīra = firme;
postura firme

अग्निसर

Agnisara
agni = fogo
sara = movimento
a movimentação do fogo digestivo

कपालभाति

Kapālabhāti
Kapāla = crânio
bhāti = brilhante
crânio brilhante

भस्त्रिका

Bhastrikā
fole

नाडीशोधन
Nāḍīśodhana
nāḍī = canais sutis que conduzem o prāṇa
śodhana = purificação
limpeza das nāḍīs

मननम्
Manana (n)
reflexão,fato de pensar

मनस्
Manas (n)
Mente

मन्त्र
Mantra (m)
aquilo que protege a mente
versos védicos

महाभूत
Mahābhūta
os grandes elementos

आकाश
Ākāśa
Espaço ou éter

वायु
Vāyu *pronuncia-se váiu*
Ar

अग्नि
Agni
Fogo

आपः
Āpaḥ
Água

पृथिवी्
Pṛthivī
Terra

मुद्रा
Mudrā (f)
selo; gesto

Postura da pratica de Dakṣiṇa Tantra e haṭha Yoga:

योगमुद्रा
Yogamudrā
a mudrā do Yoga

महामुद्रा
Mahāmudrā
mahā = grande
a grande mudrā (do grande gesto)

विपरीतकरणीमुद्रा
Viparītakaraṇi mudrā
viparīta = invertido
karaṇi = que faz
a mudrā da ação invertida

ज्ञानमुद्रा

Jñānamudrā
Jñāna = conhecimento
a mudrā do Conhecimento

अभयमुद्रा

Abhayamudrā
abhaya = ausência de medo
a mudrā do afastamento do medo

शिवमुद्रा

Śivamudrā
a mudrā de Śiva

शम्भवीमुद्रा

Śambhavīmudrā
Śambhavī = Śambhava = Śambu
a mudrā de Śiva

प्राणमुद्रा

Praṇam mudrā
praṇam = saudação
a mudrā da saudação

अश्विनी मुद्रा

Aśvinimudrā
Aśvini significa gêmeos
compressão dos esfíncteres anal e sexual

आदिमुद्रा
Ādimudrā
Ādi = início, começo
a mudrā inicial

चिन्मयमुद्रा
Cinmayamudrā
Cin = Cit = Consciiência
maya = feito de
a mudrā da Consciência

ब्रह्ममुद्रा
Brahmāmudrā
A mudrā do Criador

नमः
Namaḥ (invar)
saudações

नामन्
Nāman (n)
Nome

नदी
Nadī (f)
rio

नाडी
Nāḍī (f)
canal sutil que distribui o prāṇa pelo corpo

नित्य

Nitya (n)
eterno
Anitya - não eterno

न्याय

Nyāya (m):
lógica

माया

Māyā (f)
poder de Brahman, māgica, ilusão

पञ्चकोश

Pañcakośa
as cinco (pañca)
bainhas ou invólucros (kośa)

Os cinco kośas do corpo:

अन्नमयकोश

annamayakośa
bainha (kośa), feita de (maya),
alimento (annam)
o corpo físico

प्राणमयकोश

prāṇamayakośa
bainha feita de prāṇa

मनोमयकोश
manomayakośa
bainha da mente
corpo sutil

विज्ञानमयकोश
Vijñānamayakośa
bainha do intelecto

आनन्दमयकोश
ānandamayakośa
bainha da felicidade
corpo causal

पद्म
Padma (m,n)
Lótus

पुराण
Purāṇa (n)
aquilo que é muito antigo

पुरातन
Purātana (n)
aquilo que vem do passado; velha história

पुष्प
Puṣpa (n)
Flor

पूजा
Pūjā (f)
adoração; ritual

प्रकृति
Prakṛti (f)
Matéria

प्राण
Prāṇa
A energia Vital
responsável pela fisiologia do corpo

प्राण
Prāṇa
Respiração

अपान
Apāna
Eliminação

समान
Samāna
Assimilação

व्यान
Vyāna
circulação

उदान
Udāna
ação inversa (soluço, vômito, etc)

प्रसाद
prasāda (m)
benção, tranquilidade

साधन
Sādhana (n)
meio de se alcançar algo
caminho, disciplina

साधक
Sādhaka (m)
aquele que segur um caminho ou disciplina

साध्य
Sādhya (m)
objetivo a ser alcançado

सत्
Sat (n)
Existência

स्मृति
Smṛti (f)
aquilo que é lembrado

शक्ति
Śakti (f) *pronuncia-se chákti*
poder de fazer as coisas acontecerem

शम
Śama (m) *pronuncia-se châma*
controle da mente

शब्द
Śabda (m)
som, palavra

शरीर
Śarīra (n)
corpo

स्थूल शरीरम्
sthūla śarīram
corpo denso (físico)

सूक्ष्म शरीरम्
sūkṣmaśarīram *pronuncia-se súkchma*
corpo sutil

कारण शरीरम्
kāraṇa śarīram
corpo causal

श्रद्धा
Śraddhā (f) *pronuncia-se chradhá*
confiança, fé

शिष्य

śiṣya (m) *pronincia-se chíchia*
aquele que deve ser ensinado; aluno; discípulo

श्रु

Śru (raiz verbal) *pronuncia-se chrú*
Escutar

श्रुति

Śruti (f)
aquilo que foi escutado

श्रवण

Śravaṇa (n) *pronuncia-se chravanam*
fato de escutar, aprender, tradição oral

तत्त्व

Tattva (n) *pronuncia-se tátua*
verdade, realidade

तितिक्षा

Titikṣā (f) *pronuncia-se titikchá*
aceitação dos opostos, das diferenças (como frio, calor,etc)

विराग

Virāga (m)

वैराग्य

Vairāgya (n) *pronuncia-se vairáguiam*
Desapego

योगासन
Yogāsana
postura do Yoga

योनि
Yoni (f)
região genital feminina; útero

Nomes de āsanas

आसन
āsana (n)
assento, postura; a palavra
āsana vem da raiz "as"=estar, permanecer, ser, ficar

Termos indicativos de determinadas variações dos āsanas

अर्ध
Ardha
meio, metade

अधो
Adho (=adhaḥ)
para baixo

बद्ध
Baddha
fechado, preso

परिपूर्ण
Paripūrṇa
completo, perfeito

परिवृत्त
Parivṛtta
Torcido

प्रसारित
Prasārita
alongado fortemente

सुप्त
Supta
Deitado

उत्तान
Uttāna
esticamento intenso

उत्थित
Utthita
alongamento, elevação

ऊर्ध्व
Ūrdhva
para cima

Āsanas de pé

हस्तपादासन
Hastapādāsana
Hasta = mão
pāda = pé
Postura da mão no pé

परिवृत्त त्रिकोनासन
Parivṛtta Trikoṇāsana
Parivṛtta = torcido
Trikoṇa = triângulo
Postura do Triângulo torcido

पर्श्वकोनासन
Parśvakoṇāsana
Parśva-flanco
koṇa =
Postura do alongamento do flanco

पदोत्तानासन
Padottānāsana
pada = passo
uttāna + alongamento
Postura do alongamento da musculatura envolvida no passo

प्रसारित पदोत्तानासन
Prasārita padottānāsana
Forte alongamento

तडासन

Taḍāsana
taḍa = montanha
Postura da montanha

उत्थित त्रिकोनासन

Utthita Trikoṇāsana
Utthita = alongado
trikoṇa = triângulo
Postura do Triângulo, alongado

वृक्षासन

Vṛkṣāsana
vṛkṣa = árvore
Postura da árvore

वीरभद्रासन

Vīrabhadrāsana
Vīrabhadra = herói mitológico que surgiu de um fio de cabelo de Śiva (da mente de Śiva)
Postura de Vīrabhadra

Āsanas sentadas

अधोमुखश्वनासन

Adhomukhaśvanāsana
adhaḥ > adho = para baixo
mukha = cabeça
śvan = cachorro
postura do cachorro com a cabeça para baixo

अञ्जनेयासन
Añjaneyāsana
Añjaneya outro nome de Hanuman personagem mitologico, símbolo da devoção e do heroísmo
Postura de Añjaneya

गोमुखासन
Gomukhāsana:
go = vaca
mukha = cabeça
Postura da cabeça de vaca

जनुशीषासन
Januśīrṣāsana
janus = joelho
śīrṣa = cabeça
Postura da cabeça no joelho

मत्स्येन्द्रासन
Matsyendrāsana
em homenagem ao Mestre tântrico Matsyendranāth
Postura de Matsyendra

पश्चिमोत्तानासन
Paścimottānāsana
paścima = parte posterior
uttāna = alongamento intenso
Postura do alongamento intenso da parte posterior do corpo

सिंहासन
Simhāsana
simha = leão
Postura do leão

Āsanas deitadas

अर्ध भुजङ्गासन
Ardha Bhujaṅgāsana
ardha = meia
Meia Postura da cobra

अर्ध पवनमुक्तासन
Ardha Pavana Muktāsana
Meia postura do ar liberado

भुजङ्गासन
Bhujaṅgāsana
bhujaṅga = cobra
Postura da cobra

चक्रासन
Cakrāsana
cakra = roda
Postura da roda

धनुरासन
Dhanurāsana
dhanus = arco
Postura do arco

मत्स्यासन

Matsyāsana :
matsya = peixe
Postura do peixe

नौकासन

Naukāsana
nau = barco
Postura do barco

परिपूर्णनवासन

Paripūrṇa nāvāsana
paripūrṇa = completo
nau = barco
Postura completa do barco

पवनमुक्तासन

Pavana Muktāsana
pavana = ar
mukta = liberado
Postura do ar liberado

सर्वाङ्गासन

Sarvāṅgāsana
sarva = todos
aṅga = membro
Postura de todos os membros do corpo

शलभासन

Śalabhāsana
śalabha = gafanhoto
Postura do gafanhoto

शीर्षासन

Śīrṣāsana
Śīrṣa = cabeça
Pouso sobre a cabeça

विपरीत करण

Viparīta karaṇa
viparīta = invertida
karaṇa = fazer
Postura invertida

Bibliografia

ARIEIRA, GLORIA e PERES, ARTHUR **Introdução ao Sânscrito**
Centro de Estudos Vidyā Mandir (RJ)

KALE, M. R. **A Higher Sanskrit Grammar**.
Delhi (India): Motilal Banarsidass, 1992.

SASTRY, K. L. V; SASTRY, Pandit L. A. **Śabda Mañjari.**
India: Book-Sellers & Publishers, 2000.

ANTOINE, R. **A Sanskrit Manual part I and II.**
Calcuta (India): Xavier publications, 1970.

THOMAS EUGENES **Introduction to Sanskrit (Part One and Part Two)**
Delhi (India): Motilal Banarsidass, 2009

SARAL SANSKRIT SHIKSHAK **(Part I, II.III, IV, V)**
Bharatiya Vidya Bhavan-Bombay/India

APTE,VĀMAN SHIVARĀM **Sanskrit Composition**
Varanasi (India)Chaukhamba Sanskrit Series Office (1984)

MONIER WILLIAMS **An Elementary Grammmarof the Sanskrit Language**
New Delhi - Cosmos Publications, 2005

RAMASAMY, NARAYANAN and SIMPSON,J CANDACE **Introduction to Samskṛtam** (Part 1)
New Delhi (Indian Asia Publishing House(1988)

CARDONA,GEORGE **Pāṇini - His Work and its Traditions** (Vol.1)
Delhi (India) Motilal Banarsidass Publiishers-1997
Recente reseach in Paṇinyam Studies
Delhi (India) Motilal Banarsidass Publiishers-1999

DASGUPTA, SURENDRA **The Mahābhāṣya of Patañjali**
Delhi (India) Munshiram Manoharlal Publishers (1991)

VADARĀJĀCĀRYA **Laghusiddhāntakaumu** (India)
Gītāpres

MACDONELL, Arthur A. **A Sanskrit Grammar for Students**
New York-Oxford University Press (1992)

PERRY, E. D. **A Sanskrit Primer**
Delhi, Varanasi, Madras (India) MotilalBanarsidass (1986)

BHANDARKAR, SIR RAMKRSHNA GOPAL **Second Book of Sanskrit**
Bombay (India) Keshav Bhiraji Dhawale (1990)

SHASTRI, J.L. **Dhātupāṭhaḥ** Delhi, Varanasi,Madras (India)
Motilal Banarsidass (1984)

TRIPATHI, Dr. BRAHMANAND **Rūpa Candrikā**
Varanasi (India) Chaukhambā Surbharati Prakashan

RENOU, L. **Dictionnaire Sanskrit-Français**
Paris (França) Publications de L'Institut de Civilisation

Indienne
(Ed. 1987)

APTE,VĀMAN SHIVARĀM **The Practical Sanskrit-English Dictionary**
Delhi (India) Motilal Banarsidass
The Student's English-Sanskrit Dictionary
Delhi (India) Motilal Banarsidass

WILLIAMS, MONIER - **A Sanskrit-English Dictionary**
Delhi (India) Motilal Banarsidass
-**A English -Sanskrit Dictionary**
Delhi (India) Motilal Banarsidass

ŚRĪ ŚAṄKARĀCĀRYA -**Tattva Bodha** (tradução Prof Gloria Arieira)
(Vidyā Mandir- Rio de Janeiro)
Śrīmad Bhagavad Gītā Bhāṣya
(trad Dr. A.G. Kṛṣṇa Warrier)
Śrī Ramakrishna Math-Madras/India

ARIEIRA,GLORIA **O Yoga que conduz à Plenitude**
(Os Yoga sutras de Patañjali),2017)
Bhagavadgītā (Vol. I, II e III)
Centro de Estudos Vidyā Mandir (RJ)

SWAMI MUKTIBODHANANDA SARASWATI **Haṭha Yoga Pradīpikā**
(Sob a Orientação de Swami Satyananda Saraswati)
Bihar School of Yoga, 1993

www.ingramcontent.com/pod-product-compliance
Lightning Source LLC
Chambersburg PA
CBHW051344280526
45784CB00007B/2801
* 9 7 8 1 0 9 5 5 0 4 1 4 7 *